KB042234

번역에 잠든
한국 문화

박응석

박영사

'하늘', '바람'과 '별'하면 무엇이 떠오르세요? 추억이 가득한 여행지, 좋아하는 영화의 한 장면, 윤동주 등 사람마다 각기 다양할 것 같습니다. 언어는 늘 의미를 다양한 모습으로 전달하는 것 같습니다. 이 차이가 내 가족과 친구보다는 낯선 사람과의 의사소통에서 더 클 것으로 예상할 수 있어요. 서로의 체험이 다르면 다른 해석을 할 가능성이 더 크니까요. 체험은 그 사람이 사는 지역에 따라 다를 수도 있고, 같은 지역이라도 시기에 의해 차이가 있을 수 있습니다. 그럼에도 불구하고 언어가 가장 강력한 의사소통의 도구라는 사실을 부인할 사람은 없을 것 같아요.

서로 다른 체험이 의미전달에 영향을 준다면 외국인과의 소통에는 더 큰 어려움이 있을 것 같습니다. 그중에서도 '떡볶이', '온돌', '도깨비'처럼 우리에게 고유한 것들은 더욱 그럴 것 같고요. 학부에서 한국, 중국과 일본에서 모인 제자들과 함께 생활해야 하는 환경은 이 호기심을 더욱 키우는 계기가 되었고, 결국 10년이 넘게 인지언어학의 매력에 푹 빠져 있던 제가 석사시절에 보던 '번역' 관련 자료들을 다시 뒤적이게 했습니다. "번역은 반역이다."라 했던가요. 관련 자료를 볼수록 상대에게 낯선 것을 번역으로 이해시키는 게 얼마나 어려운 것인지 체감했습니다. 재밌는 것은 번역의 과정을 자세히 볼수록 '의미'의 다양한 모습들을 발견할 수 있었고 이것들을 많은 사람들과 나누고 싶었습니다.

1장은 이론을 간략히 설명하고, 2-7장은 '어휘', 8-9장은 '문장', 10장에서는 '텍스트'로 작은 단위에서 시작해서 큰 단위로 마무리했습니다. 주제는 2-5장에서는 한국의 전통문화를 다루고,

6-10장은 브랜드나 영화 및 미술관 등 문화콘텐츠 전반을 다루고 있습니다. 그리고 각 장에서는 <번역 이야기>를 통해 본문의 주요 개념들이나 관련 이야기를 더하고 있습니다. 글을 쓸 때마다 늘 느끼지만 전체적이지 못하고 '파편적'이라는 생각을 합니다. 여러분이 그 파편을 보고 다른 조각들도 모아보고 싶어 아름다운 여정을 시작하게 되시기를 바랄 뿐입니다.

공부하던 내용들을 다양한 시각에서 다룰 수 있었던 것은 모두 수많은 소중한 인연들 덕분입니다. 우선 한국연구재단 인문학대중화사업의 지원으로 진행된 팟캐스트 <오디오 캠퍼스: 문사철 수다>에서의 방송과 대화도서관에서 진행된 강의 <번역, 의미를 디자인하다>는 번역의 인문학적 가치를 고민할 시간을 주었고요. 다시 학부수업 <문화콘텐츠와 한중번역실습>에서는 이 내용들로 유학생 제자들과 다양한 토론을 할 수 있었습니다. 그리고 한국중국어교육학회에 일부 내용을 논문으로 게재하면서 조언을 구할 수 있었습니다. 도와주신 분이 너무 많아 감사의 말은 따로 하겠습니다.

독자대상을 교양서를 좋아하는 분들과 한국어를 잘하는 유학생으로 정했습니다. 그래서 중국어나 번역전문용어를 적게 사용하고, 대신 번역에 대해 수다를 하듯 쉽게 접근하되 다양한 이야기를 하고자 했습니다. 여러 분들이 이 책을 통해 '번역'과 '문화'에 대해 조금이나마 새로운 생각을 하게 된다면 기쁠 것 같습니다.

2019년 가을
미래캠퍼스 정의관에서
석송 박응석

감사의 말

먼저 팟캐스트 <오디오 캠퍼스: 문사철 수다>에서 번역을 주제로 한 여덟 번의 방송에서 함께 해주신 동양철학자 김시천 교수님과 종교학자 이종우 교수님 및 방송을 듣고 저를 찾아주신 모든 분들이 이 책의 전체 틀을 구성하는 데 도움을 주셨습니다. 또한 대화도서관에서 진행된 대중강연 <번역, 의미를 디자인하다>에서 늦은 밤 저를 집에 보내주지 않고 열정적으로 질문해주시던 청중들도 잊을 수가 없습니다. 덕분에 어떻게 하면 주변에 있는 흥미로운 사례로 쉽게 설명할 수 있을까 많이 고민했어요.

학부에서 <문화콘텐츠와 한중번역실습>이란 수

업에서는 중국유학생 제자들이 적극적으로 설문조사에 참여해주고 많은 의견들을 나눴습니다. (다만 책에서는 저작권을 고려해 설문조사에 사용했던 인터넷 백과사전의 사진을 가장 유사한 것으로 대체했음을 밝힙니다.) 번역어가 가진 효과를 생각하는 데 큰 도움을 준 다음의 학생들에게 고맙습니다.

刘毅, 刘雨涵, 金卓辉, 崔文雯, 陈柏颖, 崔清扬, 谢浩, 鲁睿, 杨睿, 李林蔚, 米顺, 石城, 穆月宇, 韩雨, 黎高子翼, 尚敬格, 腾兴江, 王一淑, 万健翔, 张晓函, 周东瑞, 巫惠清, 丁少彤, 姜委妤, 陈卓, 牟梓豪, 김정민, 배성미, 강주연

이 책의 1장에서 5장에 해당하는 내용은 『중국어교육과 연구』 29호에 실린 논문 <중국유학생을 위한 한국문화의 번역학적 접근 — 문화어휘의 프레임 비교를 중심으로—>를 알기 쉽게 풀어서 쓴 것입니다. 이를 허락해주신 <한국중국어교육학회>에 감사합니다.

안 보더라도 좋은 책은 바로 사두는, 마음만 풍요로워지는 위험한 습관이 있습니다. 이런 제게 책을 실컷 볼 수 있도록 도와준 곳이 많습니다. 우선 1년 동안 연구비를 지원한 연세대학교 미래캠퍼스 연구처에 신세를 졌습니다. 그리고 구하기 어려운 중국원서를 중국출장 때마다 챙겨주는 송화영 선생과 유명철 무술감독 부부. 이 부부와의 우정 가득한 먹이사슬도 영원하길 바랍니다.

끝으로 많이 부족한 제게 자꾸 책을 쓸 기회를 주시는 박영사의 송병민 법인장과 손준호 과장과의 인연도 이야기해야 할 것 같습니다. 또한 책을 읽기 좋게 다듬어주신 문선미 과장님께 감사합니다.

P.S. 늘 책의 첫 독자로 곁에서 함께 해주는 소중한 아내에게 감사의 마음을 전합니다.

목차

*이 책에서 별도의 출처 표기가 없는 한국어 단어의 사전 설명은
모두 국립국어원 표준국어대사전에서 인용하였습니다.

1장 텍스트와 종이비행기

✏️ ▰▰▰▰▰▰▰▰▰ 아이디어가 떠오르면 관련 자료들을 찾아보고 이면지에 손으로 마인드맵을 그리면서 생각을 정리하고는 합니다. 이면지가 제 정신공간을 보여주는 매개체로 변하는 거죠. 그 역할을 다 하고나면 이면지로 가끔 종이비행기를 접어 반대쪽 벽으로 날리는데 이게 정말 답답합니다. 분명히 포스터나 사진 등을 노리고 날리는데 목표물에 제대로 닿지를 않습니다. 저 아니면 종이비행기 둘 중 하나가 문제인 것 같은데. 어쩌면 움직이지 못하는 목표물이 문제라고 우겨도 될 것 같습니다.

퇴근 후 집에 도착하면 아내에게 그 날 재밌었던 일들을 이야기하고는 합니다. 하지만 저만 재밌어하는 것 같은 느낌이 들 때가 있어요. 그럴 때는 마치 종이비행기가 멋대로 날아가던 때의 기분입니다. 지금 생각해보면 우리 둘 모두가 아는 사건이 아니면 공감하는 데 어려움이 있었던 것 같습니다. 작은 체험의 차이 때문에 공감이 어렵다고 생각하니 나이, 성별, 지역, 소속 등에 따라 같은 텍스트를 모두가 서로 다르게 이해하고 있을 것 같다는 생각이 듭니다. 나아가 다른 언어와 다른 문화권의 외국인 제자들은 수업을 들을 때 머릿속에 무엇을 떠올리고 있을지 궁금해집니다.

말해진 것들이 다른 언어로 전달될 때 어떤 일이 일어나는지에 대해 아마도 번역학자들이 가장 많이 고민했을 것 같습니다. 그들은 이미 오랜 세월을 통해 번역에 대한 개념들과 번역전략들을 많이도 내놓았습니다. 정답은 없어도 트렌드는 있었습니다. 저는 이 책에서 여러분과 다양한 번역학자들의 고민을 일부나마 공유하려 합니다. 제 이야기를 듣고 호기심이 생겨서 그 학자나 이론에 관련된 책도 개인적으로 보시면 더 기쁠 것 같습니다. 아래에서 제 전공분야인 인지언어학의 프레임, 동기화 등 몇 가지 개념들을 소개하려 합니다. 이를 통해 우리가 사용하는 언어의 다양한 부분들을 바라보는 것이 번역을 이야기하기 전 몸 풀기로 좋을 것 같아서요. 자. 그럼 시작해 볼까요~

등가와 프레임

> 이제는 많은 작가들이 등가 대신에 <기능적 등가>
> 또는 <스코포스 이론>에 대해 말한다. 즉 번역은
> <원본이 겨냥하는 것과 똑같은 효과를 창출해야
> 한다>는 것이다.
>
> **움베르트 에코, 『번역한다는 것』**

번역을 하게 되면 누구나 번역문에 원문의 의미
가 그대로 옮겨지기를 바라는 것 같습니다. 즉, 말
그대로 '같은 가치'라는 뜻의 등가(equivalence)
를 추구하게 됩니다. 문제는 기술문서나 법률문
서 같은 경우가 아니라면 어휘나 문법 등의 '형
식'적 등가가 어려운 경우가 많습니다. 그래서 '기
능' 또는 '효과'의 등가에 대해 말하게 됩니다. 원
문에서 슬픔이나 공포 등의 감정을 느꼈다면 번
역한 문장에서도 어휘나 문법을 떠나 그런 것들
을 느끼면 된다는 겁니다. 물론 이렇게 되면 형식
에 얽매일 필요는 없어지지만 번역자의 개입정도

가 커져 번역의 질이 누가 번역하느냐에 따라 큰 차이를 보이게 됩니다. 그렇다고 다시 형식적 등가로 돌아가자니 '의미'가 너무 복잡한 구조를 갖고 있습니다.

> "한 단어의 의미도 여러 개일 수 있고, 의미는 문장 또는 텍스트 전체 내에서 그 단어가 사용되는 맥락에 따라 결정되는데 그 맥락이라는 것도 늘 분명한 것이 아니다. 결국 의미의 등가는 맥락 의존적, 문화 의존적, 그리고 세계 의존적이다."
>
> **윤성우·이향, 『번역학과 번역철학』**

의미의 구조가 얼마나 복잡한지 우리가 자주 사용하는 단어 하나로 살펴보겠습니다. 네이버 사전에서 '어머니'로 검색을 하면 결과가 이렇게 나옵니다.

1. 자기를 낳아 준 여자를 이르거나 부르는 말.
2. 자녀를 둔 여자를 자식에 대한 관계로 이르거나 부르는 말.
3. 자기를 낳아 준 여성처럼 삼은 이를 이르거나

19

부르는 말.

뜻이 세 가지나 나오네요. 단어 '어머니'는 사용되는 맥락에 따라 위의 세 가지 의미 중 하나를 갖게 됩니다. 저는 심리학, 인지언어학은 물론 언론에서도 자주 등장하는 '프레임'이라는 말을 '맥락' 대신 사용하겠습니다.

> "개념은 서로 관련된 체계를 만들며, 한 개념의 이해에는 그것을 포함한 체계 전체 구조의 이해가 전제된다. 이러한 개념 체계를 '프레임', 곧 '틀'이라고 한다. '틀'은 단어의 의미를 구조화하며, 단어는 '틀'을 불러일으킨다."
>
> **Fillmore(1985)**

정리하자면 '어머니'의 사전적 의미는 각각 [출산 프레임], [관계 프레임], [양육 프레임] 등을 통해서 드러나는 것입니다. 저를 낳아주신 어머니, 제자의 부모님, 자주 뵙는 동네 아주머니. 어떤 방식으로 사용되느냐에 따라 '어머니'의 의미를 파악하기 위한 배경지식이 변화하는 겁니다. 굉장히 복잡해 보이지만 다행인지 불행인지 우리는 위의 과정들을 매순간 거의 무의식적으로 빠르게 처리하고 있습니다.

아내가 안 하던 잔소리를 하면 제가 장난으로 "네, 엄마."라고 하는 식의 특별한 경우가 아니고서야 어머니는 번역에 큰 어려움이 없을 것 같습니다. 하지만 만약 두 나라의 문화가 달라서 번역해야 할 단어의 프레임이 한 국가에만 존재하는 경우, 그런 단어들은 어떨까요? '떡볶이', '마루', '온돌', '장승', '도깨비' 등 우리나라에만 있는 것들은 번역이 쉽지 않을 것 같습니다. 2장에서 5장까지는 번역이 가장 까다로운 예시 몇 가지를 골라서 사전에서 어떻게 번역이 되어 있는지 살펴보고 그 번역이 가진 효과에 대해 살펴보겠습니다.

동기화와 복합어

'프레임'에 이어 '동기화'란 개념 한 가지만 더 살펴보고 가면 좋을 것 같아요. 인지언어학의 '동기화'라는 개념은 언어학자 소쉬르의 '자의성'이란 개념과 같이 보시면 이해가 쉽습니다.

> "소쉬르가 언어 기호의 형식과 내용 사이에는 아무런 상관성이 없이 오직 사회적 관습에 의해 규정된다는 자의성(arbitrariness)을 주장한 것과 다르게, 인지언어학에서는 언어 구조가 인간의 사고방식을 반영하여 동기화(motivation)되어 있다는 관점을 취한다는 점을 강조한다. 즉, 더 이상 분석되지 않는 '일차적 어휘가 지닌 형태와 내용 간의 대응 관계에서는 자의성이 강하다고 할 수 있으나, '이차적 어휘'의 형태와 내용 간의 대응 관계에서는 도상성이 강하다는 것이다."
>
> **임지룡·김령환,「어순에 반영된 인지적 특성」**

역시 구체적인 예시가 있어야 편할 것 같네요.

'빵'으로 설명하겠습니다. 우리는 '빵'을 왜 '빵'이라고 하는 걸까요? 현실 세계의 사물들이 이름을 가질 때 어떤 규칙이 있을까요? 소쉬르는 '임의적'이라고 보고 너도 나도 모두 '빵'이라고 부르기로 '약속'했다는 점이 중요하다고 말합니다. 하지만 인지언어학에서는 '빵'과 같은 일차적 어휘는 그럴지 몰라도 '팥빵', '크림빵', '건빵', '꽃빵' 등 이차적 어휘는 그 구조를 형성하는 과정에 인간의 사고방식이 개입한다고 주장합니다.

'팥빵', '크림빵', '건빵'과 '꽃빵'의 수식어인 '팥', '크림', '건', '꽃'은 자신을 다른 빵과 구별하는 의미적 특징입니다. 개성으로 선택된 특징은 다양합니다. 팥이나 크림처럼 [재료]일 수도 있고 건조함 등의 [성질]이나 꽃과 같은 빵의 [모양]일수 있어요. 여기서 수식어가 될 '의미'를 '선택'하는 환유과정 때문에 동기화(motivation)가 이루어집니다. 즉, 그 빵에서 내가 꽂힌 부분이 어휘에 드러나는 거죠. 조금 어렵게 말하면 해당 사물의 지각적 현저성을 가진 영역이 어휘화에 반

23

영됩니다. 인지언어학은 이렇게 우리가 세상을
어떻게 바라보는지가 언어에 반영된다고 봅니
다. 그래서 언어를 통해 사람을 들여다볼 수 있
다는 점에서 인지언어학은 인문학에 적합한 학
문입니다.

결론은 언어마다 동기화 과정이 각기 다를 수 있
다는 점을 고려해야 한다는 점입니다. 다음은 제
가 송현주의 『국어 동기화의 인지언어학적 탐색』
에서 가져온 예문에 중국어 예문을 추가한 것입
니다.

책꽂이, 书架[shūjià], 本立て, bookshelf

예문에서 대상인 '책'은 네 가지 언어에서 '책',
'书', '本'과 'book'으로 모두 어휘에 분명하게 드
러나 있습니다. 그러나 어휘의 나머지 부분에서
각기 차이를 보입니다. 한국어(꽂다)와 일본어(立
て る/세우다)는 [동작]을 보여주고, 중국어(架)와
영어(shelf)는 대상이 놓이는 [장소]인 선반을 강

조하고 있습니다. 한국어와 일본어의 경우 동작 내에서도 차이를 갖는데 한국어는 '꽂는' 동작을 부각하고 일본어에서는 책을 '세우는' 동작에 현저성을 부여하고 있네요.

우리의 지각능력은 제한적입니다. 한번에 눈에 들어오는 모든 장면을 잡아낼 수가 없어요. 그래서인지 우리가 사용하는 언어도 그 표현능력이 부분적입니다. 하나의 어휘나 문장이 한 사물이나 사건의 전체 의미를 드러낼 수 없습니다. 의미는 늘 선택적이죠. 그리고 선택은 우리가 하는 것입니다. 어휘나 문장이 이런 특징을 갖고 있는 것을 주의한다면 번역의 효과를 보는 데 도움이 될 것 같아 가져와 봤습니다. 이제 본론으로 들어가 볼까요?

번역 이야기
여행과 사격

글로벌엘리트학부. 제가 해외에서 온 제자들과 다양한 주제에 대해 이야기하고 추억도 쌓는 곳입니다. 가끔 주변 분들이 그 학부에는 글로벌엘리트들이 모여 있냐고 물어봅니다. 아마 학부 이름 때문에 이렇게 물어보시는 것 같습니다. 저는 그렇기도 하고 학생들을 글로벌엘리트로 키워내는 것이 목표인 학부라고 대답합니다. '이름'은 '사람들의 소망'을 담을 수도 있고, '대상의 특징'을 보여주기도 합니다. 부모님이 자식들에게 주는 이름은 앞으로 어떻게 성장해 달라는 의미에서 붙여지는 이름이니 전자에 해당되고, 이제 이야기할 '전문용어'들은 해당 개념의 특징을 드러내니 후자에 속할 것 같습니다. 후자에서 말하는 특징은 절대적 특징이 아니라 이름 지은 자의 시각에 제한적이라는 점을 고려해야 합니다.

우리가 한국어를 중국어로 번역하는 경우, 한국어와 중국어는 각각 '출발어'와 '도착어'라고 합니다. 출발어 대신에 '기점어'나 '원천어'를 사용하는 사람들도 있고, 도착어 대신 '대상어'나 '목표어'라고 말하기도 합니다. 김욱동은『번역의 미로』에서 '출발어'와 '도착어'는 프랑스 번역용어 'langue de départ'와 'langue d'arrivée'인데 이 용어들이 자주 사용되는 이유가 통번역계에서 초반에 프랑스의 용어들을 많이 수용했기 때문이며 영어권에서는 보통 'source language(기점어 또는 원천어)'와 'target language(대상어 또는 목표어)'를 사용한다고 설명합니다. 텍스트 간의 관계를 은유를 통해 프랑스는 '출발과 도착'에 빗대어 이해하고, 영어권에서는 '근원과 목표'를 통해 이해하고 있다는 점이 흥미롭습니다.
번역은 번역가를 통해 원문이 다른 언어로 다시 태어나는 작업이니 도착어를 재생어(再生语)라고 해도 될까요? 아무래도 안 될 것 같아요. 저 혼자 사용해서는 아무 의미가 없으니까요. 유행어를 만드는 사람들은 정말 대단합니다. 표현에는 '프레임(Frame)'이 담기기 때문에 같은 말을 사용하면 같은 프레임으로 세상을 바라보는 것입니다. 그런 의미에서 번역 용어를 만든 사람들도, 그걸 따라 사용하는 사람들도 많은 고민을 했을 것으로 보입니다. 저는 번역을 번역가가 다른 언어에서 원문과 닮은 것을 찾아 떠나는 여행으로 보니 이 책에서 '출발어'와 '도착어'를 사용하도록 하겠습니다. 때에 따라 '원어(원문)'와 '번역어(번역문)'도 쓰고요.

2장 음식 문화 — 떡볶이

한식을 통한 한류의 전파는 최근 가파른 상승세를 타고 있다. 대한민국 한식진흥원의 최근 발표에 따르면 전 세계에서 운영 중인 한식당은 2009년 86개국 9,253곳에서 지난해 90개국 3만3,499곳으로 262%나 급증했다.

<한국일보>(2018.11.5)

한식이 이렇게 당당하게 한류의 주역으로 자리하면서 자연스럽게 번역에 대한 고민도 늘어납니다. 우선 외국인이 한식을 맛있게 먹었더라도 음식이름을 알지 못하면 오래 기억하기 어렵고 주변 사람에게 추천할 수도 없으며 나중에 다른 식

31

당에서 같은 음식을 주문하기도 힘드니까요. 그렇다고 이름을 아무렇게나 지을 수도 없습니다. 같은 음식이 식당마다 다른 번역어로 존재한다면 혼란이 올 것이기 때문이죠. 그렇다면 어떻게 음식의 특징을 잘 드러내는 이름으로 번역하고 모두가 그 번역어를 공유할 수 있을까요?

음식이름은 문화관련 직접어휘로 사회문화적 함의 때문에 번역이 어려울 것으로 보입니다. '한국 문화어휘'[1]는 '한국의 사회문화적 의미가 직접적이거나 간접적인 형태로 반영되어 있어 한국 문화를 이해하는 키워드가 되는 것'이라고 정의할 수 있습니다. '문화관련 직접어휘'는 한국을 상징하거나 대표하는 어휘들이 많은데 보통 전통적인 색채를 가진 어휘의 비중이 큽니다. 예를 들면 '김치', '한복', '한글', '불국사' 등이 있고요. '문화배경 간접어휘'는 한국을 대표할 만한 것은 아니지만 도착어에 대응할 단어가 없거나 있더라도

---

[1] 전미순, 이병운(2011), <한국어 문화어휘에 관한 일고찰— 문화어휘 분석을 중심으로>, 한국언어문화교육학회

함의가 달라서 이해가 어려운 어휘를 포함하는데 '돼지꿈', '강남', '집들이', '책거리' 등이 있습니다.

음식이름 번역의 어려움과 번역어가 통일성을 가져야 한다는 문제의식에서 농림수산식품부는 2009년 한국의 대표음식(124개)에 대한 영어, 중국어, 일어 표기 통일안 마련을 위해 '한식메뉴의 외국어 표기 표준화 사업'을 추진하고 그 결과물을 현재 <한식메뉴 외국어표기 길라잡이 700>이라는 애플리케이션의 형태로 일반 대중에게도 제공하고 있습니다. 이 애플리케이션을 보면 흥미로운 점이 영어, 중국어와 일본어가 선택한 번역전략이 서로 다르다는 점인데요. 아래 그림은 애플리케이션을 통해 찾아본 '떡볶이'의 영중일 번역결과인데 한번 보시죠.

▷ <한식메뉴 외국어표기 길라잡이 700> 화면 캡처

영어와 중국어에서 '떡볶이'는 의역(意譯)으로 'Stir-fried Rice Cake(휘젓고 튀긴 쌀 케이크)'와 '辣炒年糕(맵게 볶은 떡)'이 되었고, 일본어에서 음역(音譯)을 통해 'トッポッキ'라는 비슷하지만 낯선 발음으로 번역했습니다. 사전을 찾아보면 의역은 "원문의 단어나 구절에 지나치게 얽매이지 않고 전체의 뜻을 살리어 번역함. 또는 그런 번역."이라고 되어 있는데 번역어를 수용할 사람들을 고려한 것으로 이해가 쉽습니다. 음역은 "한자음을 가지고 외국어의 음을 나타내는 일"이 사전적 의미인데 위의 예를 보면 만약 떡볶이가 무엇인지 모르는 일본인을 가정하면 번역어만으로 그것이 무엇인지 모를 수 있어서 불친절한 번역입니다. 하지만 타국의 낯선 음식이라는 느낌을 준다는 장점이 있습니다.

흥미로운 점은 영어와 중국어 모두 떡볶이를 의역했는데 번역어의 의미구조가 다르다는 점입니다. 영어 번역어 'Stir-fried Rice Cake'는 '휘젓다'+'튀기다'+'쌀'+'케이크'로 [조리법]과 [재료]

및 [요리유형] 등으로 구성되어 있고, 중국어 번역어 '辣炒年糕[làchǎoniángāo]'는 '맵다'+'볶다'+'떡'으로 [맛]과 [조리법] 및 [재료]로 구성되어 있습니다. 애플리케이션의 사진은 같은데 짧은 번역어마다 그 의미의 구성요소와 구성순서가 다릅니다. 그래도 영어와 중국어 모두 기본적으로 요리 프레임에서 [재료]와 [조리법]은 부각하고 있습니다.

김혜림[2]은 한식진흥원의 <한식메뉴 외국어표기 길라잡이> 사업에 참여할 때 음역으로 한중번역을 진행할 경우 문화적 함의나 어휘의 의미를 전달할 수 없기 때문에 의역을 통해 '재료'와 '조리법'을 중심으로 번역을 했다고 합니다. 김진아[3]도 음식메뉴가 정보형 텍스트이므로 음식메뉴 번역이 구체적인 [조리법], [주재료] 등 실질적인 정보를 제공하는 것을 목표로 삼아서 식객이 정보를

---

[2] 김혜림(2012), <한중 간 음식명 번역양태 비교>, 통역과 번역

[3] 김진아(2010), <한식메뉴를 중역하는데 있어서의 번역전략>, 중국어문학논집

한눈에 파악할 수 있도록 하고 나아가서 그들이
메뉴의 정보를 보고 식욕이 자극되어야 한다고
주장합니다. 많은 사람이 음식이름에 재료와 조
리법이 드러나야 한다는 데 공감하는 것 같은데
네이버 사전은 떡볶이를 어떻게 번역했는지 보겠
습니다.

떡볶이 : 炒年糕[chǎoniángāo],

辣炒年糕[làchǎoniángāo]

역시 '年糕(떡)'이라는 [재료]와 '炒(볶다)'라는
[조리법]은 공통적으로 번역되는 부분이네요. 그
럼 이런 의미선택의 기준은 무엇일까요? 우리가
떡볶이에 대해 어떤 정보를 공유하고 있는지 떡
볶이에 대한 사전의 설명과 사진을 보며 천천히
살펴보죠.

떡볶이 : 가래떡을 적당한 크기로 잘라 여러 가
지 채소를 넣고 양념을 하여 볶은 음식.

사전의 설명을 보면 '떡'이라는 재료와 '볶다'라는 조리방식에 대해 이야기하고 있습니다. 사실 '떡볶이'라는 이름에는 사진에 보이는 재료 중 고추장도 어묵도 계란도 없고, 음식이 어떤 모양인지 어떤 색인지 말하지 않고 있습니다. 이렇게 일부 요소를 '선택'하고 나머지 요소를 이름에서 숨기면 더 많은 떡볶이를 가리킬 수 있게 됩니다. 핵심요소인 떡이 빠지면 안 되지만 슬프게도 제가 좋아하는 어묵 같은 주변 요소들은 빠져도 떡볶이의 정체성은 흔들리지 않는 것 같습니다. 그래서 이름에 끼지를 못 했습니다.

최소의 언어적 요소로 최대의 실제 사물을 가리킬 수 있는 이런 경제성은 중국어 번역어에도 나타납니다. 즉, '떡'에 해당하는 '年糕'와 '볶다'라는 뜻의 '炒'를 써서 '炒年糕'라고 번역합니다. 물

37

론 '맵다'라는 뜻의 '辣'를 추가해서 떡볶이가 매운 맛이라는 정보를 추가하기도 합니다. 중국유학생을 대상으로 '炒年糕'와 '辣炒年糕' 중 더 좋은 번역어가 무엇인지 선택하게 했더니 결과는 5:17로 '辣炒年糕'에 대한 선호가 더욱 높았습니다. 그 이유를 아래 중국 사이트 百度에서 검색한 '炒年糕'와 '辣炒年糕'에 대한 백과사전의 설명과 그 사진을 보면 알 수 있습니다.

炒年糕是中国传统年节特色食品。〔炒年糕는 중국 전통 설 명절 특색음식이다.〕

辣炒年糕, 韩国小吃。〔辣炒年糕, 한국의 간식〕

출처: 바이두〔百度图片 http://image.baidu.com/〕

위의 내용에 따르면 '炒年糕'는 비록 '떡볶이'와 동일한 의미구조를 갖지만 번역어로 적합하지 않습니다. 첫째, 위의 설명처럼 '炒年糕'는 중국전통음식으로 인식될 수 있고요. 둘째, 한국어 '떡볶이'에는 '맵다'라는 어휘요소가 없어도 한국인들이 체험을 통해 원형적인 떡볶이가 맵다는 것을 인식할 수 있지만 중국어 번역어 '炒年糕'의 원형은 왼쪽 사진처럼 맵지 않은 요리로 인식되기 때문이에요. 따라서 한국어보다 길어지기는 하지만 '辣'를 첨가해서 '辣炒年糕'로 번역해 오른쪽 사진처럼 빨간 떡볶이를 연상시킬 수 있어야 할 것 같습니다.

한국어와 중국어에서 요리의 체험에 대한 동기화 방식은 매우 다양합니다. 보통은 [재료], [조리방식]이 많이 사용되지만 꼭 그렇지는 않거든요. 최근 한국에서도 인기가 많은 중국식 샤브샤브 火锅[huǒguō]는 '火/불'이라는 [조리환경]과 '锅/냄비'라는 [조리도구]로 되어 있어요. 한국의 쟁반국수도 '쟁반'이라는 [조리도구]와 '국수'라는 [음식유형]으로 되어 있습니다. 둘 다 이름만으로는 그 음식의 맛이나 모양을 전혀 상상할 수 없어요. 훠궈는 재료가 다양한데 대표성을 갖는 핵심재료가 없기 때문에 현저성을 부여할 부분을 찾기 어려워 재료를 담는 그릇에 초점을 둔 것으로 보입니다. 제가 이전에 『인지언어학자의 한자문화산책』이란 책에서 다룬 적이 있는데 '소', '돼지'와 '닭'처럼 개체의 현저성이 높은 경우 '소고기', '돼지고기'와 '닭고기'처럼 쓰이지만, 물로 만든 고기가 아닌 '물고기'처럼 비가시적이고 현저성이 낮은 개체는 환유적으로 [장소]를 통해 자신을 대신 지시하기도 하거든요. '산나물'도 비슷한 예가 되겠습니다.

위에서 본 대로 한국과 중국 모두 음식 프레임과 음식 어휘 간 동기화에 일정한 패턴을 갖는다는 것을 알 수 있습니다. 번역전략으로 의역을 선택한다면 한식이름의 의미구조를 세밀하게 분석 후 중국어에 반영해보고 그 번역어를 중국 사이트에서 검색해 백과사전의 설명이나 이미지를 통해 대응물 간 의미 차이를 검토해보는 것이 번역효과를 높이는 데 도움이 될 것 같습니다. 이 외

에 설문조사로 중국인들의 선호도가 높은 번역
어를 찾는다면 더 좋고요. 번역의 복잡한 과정들
은 문화 간 교류에 개입되는 요소가 얼마나 많은
지 보여주는 좋은 예입니다.

번역 이야기
직역, 의역, 음역 그리고 반역!

말도 많고 탈도 많은 직역(直譯)부터 이야기하자면 벨로스는 『내 귀에 바벨피시』에서 많은 사람들이 외국어 공부를 할 때 사용하는 '단어 대 단어'식의 번역을 직역이라고 하는데 그 교육적 가치는 인정하나 이런 번역방식을 직역이라고 부를 수 없다고 합니다. 그는 "직역 따위는 없다는 옥타비오 파스의 말은 옳았다! 그냥 번역만 있을 뿐이다."라며 직역이란 존재하지 않는다고 합니다. 김욱동도 『번역의 미로』에서 직역은 글자 그대로 번역가가 출발 텍스트를 직접 번역한 것으로, 출발 텍스트를 다른 외국어로 번역해 놓은 도착 텍스트를 다시 번역 하는 중역(重譯)의 상대개념이라고 설명합니다. 중역의 예를 들자면 일본어를 잘 하는 한국 번역가가『니체』같은 독일어 텍스트의 일본어 번역텍스트를 다시 한국어로 번역하는 경우를 생각하면 됩니다. 결국 직역을 일종의 이상적 목표나 허상으로 보는 것 같습니다.

자유역으로도 불리는 의역(意譯)은 번역가의 성향이나 실력이 많이 반영되므로 번역가에 따라 텍스트의 변화정도나 독자의 선호가 다를 수 있습니다. 이와 다르게 음역(音譯)은 번역가에 대한 의존도가 낮은 번역방식으로 원어가 가진 가치를 보존하려는 의지가 강할 때 많이 사용됩니다. 성경이나 불경에서 어떤 내용들이 번역되지 않고 원어가 가진 음을 유지하려고 하는지 생각해보면 이해가 쉽습니다.

한중번역의 경우 한국과 중국이 모두 한자문화권에 속해 있어 한자역(漢字譯)이 가능합니다. 박종한은『중국어 번역 테크닉』에서 중국어 단어의 뜻을 완전히 번역하지 않고 그것의 한자어를 두고 발음만 바꾼 것이니 이런 번역을 반역(半譯)이라 했습니다. 앞에서 다룬 한국의 음식이름이 한자어로 되어 있다면 우선 한자어를 그대로 번역하는 것을 고려해 볼 수 있습니다. 하지만 '떡볶이'를 포함한 대부분의 한국 음식명이 한자어가 아닙니다. 또한 한자어라고 해도 다른 의미로 해석되어 의미전달에 실패할 수도 있고요. 예를 들어, 한자어로 구성된 잡채(雜菜)는 사전적 의미가 '채소·버섯·고기 등을 볶아서 삶은 당면과 함께 무친 음식'이지만 한자역을 할 경우 엉뚱한 해석을 불러올 수 있습니다. 한중번역 수업시간에 중국유학생들에게 한자어를 그대로 번역한 雜菜를 보면 어떤 느낌인지 물어봤더니 다행히 '여러 가지 야채'라고 대답한 경우도 많았지만 '어떤 음식인지 모름', '사람은 먹을 수 없는 것'부터 '엉망인 음식' 등 어떤 음식인지 이해하기 어려워하는 학생도 많았습니다. 잡채가 무엇인지 안 먹어본 학생들이 그 이름만 보고 雜(섞일 잡)과 菜(나물 채/현대중국어에서는 '요리'라는 뜻)에서 이상한(?) 것을 상상했기 때문입니다.

한자와 고유어가 혼성되어 있는 경우도 마찬가
지입니다. '만둣국'에 들어가는 만두(饅头)는 중
국에도 같은 단어가 있지만 대응물이 서로 다릅
니다. 중국에서 만두(饅头)는 소가 들어있지 않
은 찐빵을 의미하고, 우리가 아는 만두는 중국
에서 饺子[jiǎozi/교자]라는 다른 이름이 있습니
다. 물론 한국에서도 동그란 포자만두와 초승
달 모양의 교자만두라는 표현을 사용하기는 하
지만 우리는 이 둘을 만두라는 상위어로 묶고 있
어서 중국어의 어휘체계와 다르게 사용하므로
번역에 혼란이 올 수 있습니다. 번역어를 들었을
때 만둣국에 최대한 가까운 이미지를 떠올리게
하는 것이 번역의 목적이라면 의역을 통해 만두
에 대응되는 '饺子'[jiǎozi/교자]와 국에 상응하
는 '汤'[tāng]을 합쳐서 '饺子汤'[jiǎozitāng]이라
고 번역하는 것이 좋습니다. 역시 상대방에게 내
가 원하는 것을 떠올리게 하는 작업이 쉽지는 않
습니다.

3장 주거 문화 — 온돌, 마루

✏ ━━━━━━━━━━━━━ 여행 관련 산업이 발전하면서 여행객이 몰려서 주민의 주거권을 침해하는 '오버투어리즘'은 한국만이 아니라 세계 유명 관광지들이 겪는 문제가 되었습니다. 한쪽에서는 머리를 짜내며 관광객을 모으려 하고 다른 쪽에서는 넘치는 관광객에 골머리를 썩고 있는 모습이 아이러니하네요. 그 해결책을 찾는 것도 중요하지만 사람들이 몰리는 장소들의 특징에 대해 생각해 보는 것도 의미가 있을 것 같습니다. 관련 기사들을 보면 이런 문제를 겪는 지역의 절반 이상이 북촌 한옥마을, 전주 한옥마을 등 한옥과 관련된 곳이 자주 등장합니다.

우리는 해외여행에서 그 나라의 새로운 음식, 건축 등을 통해 기존에 경험하지 못한 새로운 것을 찾습니다. 그렇다면 서양 사람들에게 기와집, 초가집 등이 흥미로울 것 같아요. 하지만 중국인의 경우, 기와집이 당·송시기에 중국에서 들어온 건축 양식이므로 익숙해서 눈길이 가지 않을 것 같은데 집 안으로 들어가면 사정이 달라집니다. '마루'와 '온돌'이라는 중국인에게 낯선 건축양식이 있기 때문이에요. 그럼 중국인에게 어느 정도 익숙한 '기와집', '초가집'과 낯선 '마루'와 '온돌'은 각각 어떻게 번역되고 있을까요? 우선 기와집과 초가집을 사전에서 찾아보겠습니다.

기와집 : 瓦房[wǎfáng], 瓦舍[wǎshè]
초가집 : 草房[cǎofáng], 草舍[cǎoshè]

한국어에서 기와집과 초가집의 동기화 방식은 '기와'와 '집'과 '풀'과 '집'으로 [부분–전체]로 구성되어 있습니다. 차이를 통해 현저성이 높아진 부분인 기와와 풀을 수식어로 사용해서 합성어를 만들었죠. 앞에서 본 떡볶이 등 요리가 보통 [재료]와 [조리법] 등으로 요리를 다양한 영역에서 설명했던 것과 다른 느낌으로 만들었습니다. 번역어에도 이런 단순한 구조가 그대로 반영되어 기와집은 부분 瓦(기와)와 전체 房(집) 또는 舍(집)를 합쳐서 만들었고, 초가집은 부분 草(풀)와 전체 房(집) 또는 舍(집)로 구성했습니다. 중국유학생을 대상으로 한번은 기와집과 초가집의 사진을 보여주고, 한번은 사전 설명을 보고 나서 기와집에는 瓦家, 瓦房과 瓦舍를 제시어로 보여주고, 초가집에는 제시어로 草家, 草房과 草舍를 보여주고 적절한 번역어를 선택해 달라고 했습니다.

기와집 : 지붕을 기와로 인 집
초가집 : 짚이나 갈대 따위로 지붕을 인 집

	瓦家	瓦房	瓦舍	草家	草房	草舍
사진	3	14	4	1	12	8
사전 설명	2	15	1	1	17	4

결과를 살펴보면 주목할 점들이 있습니다. 첫째, 초가는 草家로 한자어지만 사전의 번역어들은 한자를 그대로 번역하지 않고 草房이나 草舍로 의역했다는 점입니다. 이는 사람이 머무는 곳이라는 명제적 의미에서 家, 房과 舍가 같지만 셋의 표현의미가 다르다는 것을 의미합니다. 또한 한자를 그대로 번역한 번역어는 중국유학생들의 선호도가 낮다는 것을 생각하면 한자역을 조심히 사용해야 한다는 점을 보여줍니다. 둘째, 임시 거주지나 가축우리라는 뜻을 가진 舍가 특히 초가집에 많이 쓰였다는 점인데 해당 번역어가 중국의 백과사전에는 어떤 설명과 사진으로 제공되는지 검색해보았습니다.

瓦房 : 此种房屋因用瓦盖顶而得名。(이런 집들

은 기와로 지붕을 지어 그 이름을 얻게 되었다)

草房 : 草做的房子。(풀로 만든 집)

출처: 바이두(百度图片 http://image.baidu.com/)

사진을 보면 기와집도 초가집도 지붕만 비슷할
뿐 큰 차이를 보입니다. 번역어가 '기와'+'집'과
'풀'+'집'으로 같은 의미의 단어로 구성되더라도
문화적 맥락의 차이에 따라 머릿속에서 각기 다
른 원형(prototype)을 떠올릴 수 있다는 점을 알
수 있습니다. 동일한 명제적 의미를 가진 단어들
이라 해도 그 원형은 서로 다를 수 있다는 사실
을 레이놀즈는 'house'를 통해 다음과 같이 설명
합니다.

"house를 다시 살펴보자. 집이 정말 그렇게 만
국 공통인가? 영국의 house를 생각하면 이엉을
얹은 단독주택이나 한쪽 벽면이 옆채와 붙어 있
는 연립주택이 떠오를 것이다. 하지만 그리스의 집
은 외형이 달라 보일 것이다. 흰색 도료로 덮여 있
고, 창에 덧문이 달려 있고, 지붕이 평평할 것이다."

매슈 레이놀즈, 『번역』

따라서 '瓦房'과 '草房' 등의 번역어에서 정확한
이미지를 연상시키려면 추가적인 전략이 필요한
데 '韩国'[Hánguó/한국]나 '韩屋'[hánwū/한옥]
등의 첨가성분을 통해 韩国瓦房 등으로 번역해
야 한국의 초가집 연상이 가능해집니다. 실제로
해당 번역어로 중국 사이트에서 검색하면 한국
식 기와집이 나오는 것을 확인할 수 있습니다. 이
첨가성분이 만능은 아닙니다. 유사 대응물이 있
을 경우 혼동을 막기 위한 보조역할은 할 수 있
지만요.

유사 대응물이 있는 기와집과 초가집이 이렇다

면 중국에 비슷한 대응물이 없는 온돌과 마루의
번역에는 더 큰 어려움이 따를 것 같은데요. 우
선 온돌에 대한 사전 검색 결과부터 보겠습니다.

온돌 : 炕[kàng], 火炕[huǒkàng],
　　　地暖[dìnuǎn]

온돌은 한국인이 의자에 앉아서도 양반다리(아
빠다리)를 하고, 침대를 놓고도 바닥에 장판을 깔
도록 '좌식 문화'를 가져다주었습니다. 주강현은
『우리 문화의 수수께끼』에서 溫突(온돌)이 한자
어라면 구들은 '구운 돌'이라는 뜻의 순우리말이
라 구들이라는 말을 쓴다고 합니다. 溫突(온돌)
이 '따뜻하다'와 '돌출되다'라는 뜻으로 따뜻함이
발산되는 [기능]에만 초점을 둔 조어법이라는 점
에서 '굽다'라는 [과정]과 '돌'이라는 [형태]를 나
타내는 '구들'보다 표현기능이 약한 것 같습니다.

온돌의 번역어에는 炕이 중심어로 많이 등장합
니다. 역사민속학자 손진태는 <온돌고(溫突考)>

55

에서 구들이 바닥 전부를 데운다면 炕[캉]은 실내 한쪽에 벽돌을 쌓아 일부분만 데운다며 炕과 구들의 기원이 같다고 합니다. 번역어에는 炕 앞에 수식어 火를 더해 따뜻함을 추가적으로 설명하기도 하지만 결과적으로 炕이 들어간 번역어로는 중국인이 한국의 온돌을 떠올리지 못 하거나 중국동북지역의 부분적 온돌을 떠올리게 될 겁니다. 마지막 번역어 地暖은 '地(바닥)'이라는 [대상]과 '暖(따뜻하다)'라는 [성질]을 부각하고 있습니다. 이 번역어는 아래 그림과 같은 전통 온돌의 전체구조를 설명하기에 한계가 있을 것 같네요. 위에서처럼 사전에서 온돌로 검색한 이미지와 설명을 보여주고 중국유학생들에게 적절한 번역어를 선택하게 했습니다.

온돌 : 화기(火氣)가 방 밑을 통과하여 방을 덥히는 장치.

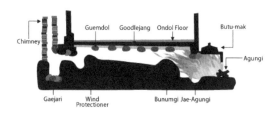

출처: 위키미디어 커먼스
(https://commons.wikimedia.org/wiki/File:Ondol.png)

	炕	火炕	地暖
사진	7	7	5
사전 설명	6	11	5

사전 설명에는 화기, 방밑, 방, 장치 등이 등장합
니다. 그림도 자기 나름대로 온돌의 핵심요소들
을 최대한 표현하고 있고요. 중국유학생들의 炕,
火炕과 地暖에 대한 선호도는 큰 차이가 없습니
다. 다만 번역어마다 위에서 보여주는 온돌 그림
의 프레임 중 활성화되는 부분이 다르다고 볼 수
있습니다. 즉, 온돌의 [침구], [불], [바닥]과 [따

57

뜻함] 중 각기 다른 선택과 강조가 있다고 할 수
있어요. 번역어를 중국 사이트 백과사전에서 검
색해 보겠습니다.

火炕 : 火炕又简称炕，或称大炕，是北方居室
中常见的一种取暖设备，东北人也把它
引入了皇宫内。（火炕은 줄여서 炕이라고 하
거나 大炕이라고도 한다. 북방 실내에서 자주 볼
수 있는 난방설비이며, 동북사람들이 그것을 황
궁으로 유입했다）

地暖 : 地暖是地板辐射采暖的简称。（地暖은 바
닥의 복사를 통해 따뜻함을 취하는 것을 줄여 말
한 것이다）

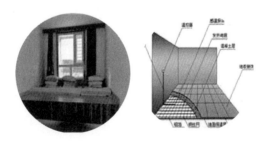

출처: 바이두（百度图片 http://image.baidu.com/）

백과사전의 설명을 보면 炕이 들어간 번역어들에 대한 설명은 중국의 '북방'지역에 제한되어 있는 설비라는 점을 강조하고 있고, 사진에서는 炕이 한국의 온돌과 다르게 부분적인 온돌임을 확인할 수 있습니다. 즉, 이 번역어를 어떤 중국인들은 모를 수 있고, 알더라도 한국의 온돌과 차이를 인지하지 못 할 수 있다는 단점이 있습니다. 地暖은 번역의 의미구조가 설명과 사진에도 그대로 드러나 모두 [바닥]과 [따뜻함]을 부각하고 있습니다. 현대의 우리가 온돌을 사용하는 방식에는 적절할 수도 있으나 전통온돌을 가리키는 번역어로는 적합하지 않은 것 같아요. 결과적으로 상황에 따라 다른 번역어를 취해야 할 것 같습니다. 이제 마루를 볼까요.

마루 : 地板[dìbǎn], 楼面[lóumiàn],
　　　 地面[dìmiàn]

순우리말 '마루'는 사전에서 중국어로 地板, 楼面과 地面등으로 검색됩니다. 아래는 사전에서

59

검색한 마루에 대한 설명과 사진이며, 중국유학
생이 설명과 사진을 보고 위의 세 번역어 중 적절
한 것을 하나 선택할 것을 요청한 설문조사결과
도 있습니다.

마루 : 집채 안에 바닥과 사이를 띄우고 깐 널빤지.

	地板	楼面	地面
사진	22	1	1
사전 설명	14	3	3

마루의 번역어에 대한 선호는 다른 번역의 경우

와 달리 분명한 경향이 있습니다. 건물 안의 바닥을 뜻하는 **楼面**(건물+면)과 땅바닥을 의미하는 **地面**(땅+면)은 마루에 대한 사전의 설명이나 사진을 보고 나면 왜 이런 번역어가 있는지 이상한 생각이 들 정도입니다. 그나마 사전 설명에 등장한 '널빤지' 때문인지 '**板**(널빤지)'이 들어간 번역어에 대한 선호도가 높습니다. 하지만 안타깝게도 **地板**도 중국 사이트에서 이미지 검색을 하면 일반적인 바닥만 나올 뿐 우리가 생각하는 마루는 볼 수 없어요. 마루는 위의 설명처럼 '바닥과 사이를 띄우고 깐' 것인데 번역어 **地板**에서는 이런 마루의 특징이 사라지고 말아요. 다른 문화어휘와 다르게 **韩国**(한국)이나 **韩式**(한식)을 앞에 수식어로 붙여도 한국의 마루 이미지는 나오지 않습니다. 이는 유사대응물조차 없는 경우 적절한 번역어를 찾는 것이 얼마나 어려운지 보여줍니다.

표현적 의미와 연상

다음 백과사전에서 명제에 대한 설명을 보면 "한 명제가 나타내는 사태가 사실과 일치하는 경우 그 명제를 참이라 하고 일치하지 않는 경우 거짓이라 한다."고 되어 있습니다. 명제는 참과 거짓을 이야기하기 위한 도구입니다. 여기서는 사태를 나타내기 위한 표현, 그 표현에 영향을 미치는 개인이나 맥락에 대해서 이야기할까 합니다.

매슈 레이놀즈는 "표현적 의미는 단어와 연관된 느낌을 말한다. '저기가 내 home이야.'라고 말할 때와 '저기가 내 house야.'라고 말할 때 설령 동일한 건축물을 가리킨다 해도 의미하는 바는 약간 다르다."고 말합니다. 정리하자면 다음과 같습니다. 하나, 우리가 가리키는 것이 다양한 표현을 지닐 수 있다. 둘, 우리는 그 다양한 표현을 통해 한 사물의 서로 다른 국면이나 느낌을 드러낼 수 있습니다. 제가 살고 있는 곳을 '단독주택'과 구분 짓기 위해 '아파트'라고 말할 수 있고, '동산'과 구별 짓기 위해 '부동산'이라고 해도 되고, '직장'이 아닌 '집'으로 표현할 수도 있습니다. 긴 여행이나 출장을 마치고 돌아와서 "아~ 부동산에 돌아오니 너무 좋다", "아~ 아파트에 돌아오니 너무 좋다"보다는 "아~ 집에 돌아오니 너무 좋다"라고 말할 것 같습니다. 맥락에 따라서 셋 다 사용이 가능하기는 하지만요. 우리는 하나의 사건이나 사물에 다양한 의미를 부여할 수 있고, 다양한 어휘를 통해 구분해 냅니다. 그래서 언어의 한계는 세계의 한계라고 말하는 것 같습니다.

한 사건이나 사물을 다양하게 바라볼 수 있으니 한 단어도 다양한 의미를 가질 수 있다는 건 알았습니다. 이번에는 한 단어가 연상시키는 이미지에 대해 이야기해야 합니다. 결론부터 말하자면 문화와 개인마다 이미지의 원형(Prototype)이 서로 다르다는 것입니다. A는 아파트에 살고, B는 전원주택에 살면 단어 '집'을 보거나 들었을 때 같은 것을 떠올릴까요? A는 아파트를 떠올리고, B는 전원주택을 떠올릴 확률이 높겠죠. 당연한 이야기지만 같은 어휘라도 다른 체험을 가진 사람들의 기억 속에서 서로 다른 것을 끄집어 낼 겁니다.

주거환경의 서구화로 집 안에 의자, 소파와 침대를 들였지만 온돌 문화 유전자를 가진 우리는 집에 들어갈 때 여전히 신발을 벗고 들어가죠. 그럼 제가 중국제자들에게 "내가 집에 돌아가면 아내가 나와서 반겨준다."라고 이야기하면 그 장면에서 신발을 벗고 들어가며 인사말을 하는 모습을 상상할 수 있을까요? 힘들 것 같습니다. 이렇게 문화적 차이에 의한 것 외에 개인적 체험도 차이를 불러옵니다. 제가 '새'라고 하면 무엇이 생각나세요? 참새? 비둘기? 닭? 나라마다 다를 수도 있고 같은 지역에서도 개인적 환경의 차이도 있을 수 있겠습니다. 그럼 독자의 연상에 번역가는 어느 수준까지 개입해야 할까요? 또는 어느 정도까지 개입이 가능할까요? 텍스트는 독자의 해석으로 매번 다른 모습이겠지만 최소한의 프레임은 번역가가 결정할 수 있습니다.

4장 유형 문화 — 장승, 돌하르방

✏ ══════════ 사람이 의도를 갖고 만들
었으니 인공물 안에는 여러 의미가 담겨 있습니
다. 그 의미라는 것이 실용적 기능일 수도 있고,
심미적 가치일 수도 있고요. 그 의미가 지속성을
갖고 공유되면 '문화'라고 하는데 시대뿐만 아니
라 지역을 넘어서기도 합니다. 보통 시공을 넘어
서면 어휘가 유지되더라도 지시하는 대상은 바
뀌기 쉽습니다. '핸드폰'만 해도 10년 전과 같은
어휘를 사용하지만 그때와 지금 연상되는 지시
대상이 서로 다른 것처럼. 또는 중국인과 한국인
이 떠올리는 이미지가 조금 다를 수 있는 것처럼
말입니다. 여기서는 한국의 전통 문화 중 유형 문

69

화 '장승', '돌하르방' 등이 어떻게 번역되고 있는
지 살피고 그 효과에 대해 이야기하는 것으로 시
작하겠습니다. 장승은 사전에서 다음과 같이 번
역되어 있습니다.

장승 : 〔竖立在村口或庙门的〕里程标[lǐchéngbiāo]

〔兼守护神〕, 长丞[chángchéng]

'이정표'라는 의미의 里程标 앞의 부연설명 '(竖
立在村口或庙门的/마을이나 절 입구에 세워진)'은 장
승이 세워지는 [장소]를 이야기하고 있고, 뒤의
부연설명(兼守护神/수호신을 겸한다)은 장승의 [기
능]을 말하고 있네요. 얼핏 잘된 번역 같지만 두
가지 아쉬움이 남습니다. 첫째, 이미지정보가 추
가되지 않으면 '里程标/이정표'를 듣고 도로 표
지판처럼 엉뚱한 이미지가 연상될 것이라는 점.
둘째, 어휘가 반복해서 등장하는 경우 괄호 안의
부연설명을 반복해서 말하기 불편하다는 점입니
다. 주강현은 장승의 이름을 지역이나 기능에 따
라 다음과 같이 소개하고 있습니다.

"경기 서울 지역의 장승, 관서 관북 지방의 당승, 전라도나 경상도의 장승·벅수·법수·벅시, 충청도의 수살막이·수살목·장승·장신. 마을 신격을 나타내는 뜻으로 할아버지·할머니 당산으로 부르기도 하며 미륵신앙과 결부돼 미륵. 가장 보편적인 이름은 역시 장승이며, 그 다음이 벅수다."

주강현, 『우리 문화의 수수께끼』

두 번째 번역어 长丞은 장승이 가진 여러 이름 중 한자로 된 이름 하나를 그대로 번역했습니다. 어휘가 [길다]와 [보좌하다]라는 의미를 전달하네요. 이국화 번역전략으로 출발어와 최대한 가까운 형태를 유지하면서 도착어 독자에게 낯선 느낌을 주고 있습니다. 하지만 이와 정반대의 목적을 추구하는 번역어도 존재합니다. 국립국어연구원의 <우리문화 길라잡이—한국인이 꼭 알아야 할 전통문화 233가지>의 중국어 번역본에는 장승이 人像路标[사람형상+이정표]로 번역되어 있거든요. 장승은 중국에 대응물이 없어 자국화 번역전략을 사용해 중국사람들이 이해하기

71

쉽게 풀어써서 의미전달의 정확도를 높인 사례입니다. 이제 장승 관련 사전의 설명과 이미지 및 설문조사 결과를 보며 이야기 하겠습니다.

장승 : 돌이나 나무에 사람의 얼굴을 새겨서 마을 또는 절 어귀나 길가에 세운 푯말.

	里程标	长丞	人像路标
설명	9	4	6
사진	3	2	9

각 번역어의 선호도에 대한 설문결과를 보면 한자어를 직역한 長丞보다 의역을 통해 번역어에 그 기능이나 모양을 드러낸 里程标(이정표)나 人像路标(사람 형상의 이정표)를 선호한다는 것을 알 수 있습니다. 또한 설명만 보고 里程标를 골랐던 학생 중 장승의 사진을 보고 장승의 이미지까지 드러난 번역어 人像路标로 바꾼 경우에 주목해야 합니다. 관련지식의 양이 번역어에 대한 선호에 영향을 준다는 것을 보여주니까요. '아는 만큼 보인다.'가 아니라 "아는 만큼 보려 한다."가 되겠네요. 위의 세 번역어를 중국 사이트에서 검색하면 다음과 같은 결과가 나옵니다.

长丞 : 旧时韩国作为界标、路标和洞里守护神而立在道边、路口、村庄附近的人像
(옛날 한국에서 경계표지와 마을의 수호신으로 길가나 마을 근처에 세운 인간형상)

중국 백과사전 사이트에서 里程标나 人像路标
는 아예 검색이 되지 않습니다. 그리고 그 둘의
이미지를 검색해보면 장승과 관련된 이미지가 아
니라 위의 첫 번째와 세 번째 사진처럼 엉뚱한 이
미지만 검색됩니다. 오히려 長丞이 백과사전에서
제대로 된 설명과 사진을 제공하고 있습니다. 민
속학 연구자 손진태는 '장승'을 재료, 기능과 장
소를 통해 대략 셋으로 분류합니다. 첫째, 목장
승과 돌장승. 둘째, 이정표로서의 장승과 수호신
으로서의 장승. 셋째, 사원의 장승, 읍촌·동구의
장승, 경계의 장승, 노변의 장승. 중국의 백과사
전 설명은 장승의 세 가지 기능을 다 말하고 있어
한국 사이트에서 검색한 내용보다 더 자세하고
요. 그렇다면 이 결과는 長丞을 번역어로 정한 이

국화 전략이 성공적이라는 것을 의미할까요? 하지만 설문조사의 결과를 보면 长丞을 아는 중국인은 거의 없습니다. 좋은 번역어이거나 우리끼리 번역어의 확정에서 일정한 합의에 이르렀다고 해도 보급을 어떻게 할 것인지에 대해 고민이 필요합니다. 이제 돌하르방의 번역에 대해 살펴보죠.

돌하르방 : 〔济州岛〕石爷〔jìzhōudǎo〕〔shíyé〕,

石头老人〔shítóulǎorén〕

돌하르방은 [돌+할아버지]로 장승처럼 읍성의 경계와 수호신 기능을 합니다. 번역결과를 보면 (济州岛)石爷[(제주도+)돌+할아버지]와 石头老人[돌+노인]으로 검색이 됩니다. 한국어의 [재료]+[형상]이라는 개념구조를 직역을 통해 옮기거나 제주도라는 [장소] 하나를 더해 부연설명하고 있어요. 단어 자체의 의미구조가 단순하기 때문에 장승과 비교했을 때 번역이 순조로운 것을 느낄 수 있습니다. 아래는 돌하르방에 관련된 설명, 사진 및 설문조사 결과입니다.

돌하르방 : 돌로 만든 할아버지라는 뜻으로, 제주도에서 안녕과 질서를 수호하여 준다고 믿는 수호 석신

	石爷	石头老人
사전 설명	4	15
사진	2	14

앞에서 번역어의 보급문제를 이야기했는데 石头老人은 보급이 잘 된 것으로 보입니다. 이것은 위의 설문조사 결과 및 아래의 중국 사이트에서 石爷와 石头老人으로 검색한 백과사전 설명과 이미지를 통해 알 수 있습니다.

石爷 : 科学所无法解释的不合乎常理现象(과학으로 설명이 불가능한 비상식적 현상)

石头老人 : 济州岛号称"韩国夏威夷"。岛上有着名的"叁多"说法, 即石头多、风多、女人多。其中石头是指一种独特的黑灰色火山石, 用它雕刻成的守护神被当地人亲切地叫作"石头老人"。(제주도는 "한국의 하와이"라고 불린다. 섬에는 돌, 바람과 여자가 많다는 "삼다"설이 있다. 그중 돌은 독특한 검회색 화산석을 가리키는데 그것을 조각해 만든 수호신을 현지인들은 친근하게 "石头老人"이라 부른다)

출처: 바이두(百度图片 http://image.baidu.com/)

중국사이트 百度에서 石爷로 검색된 백과사전 내용은 엉뚱하고, 왼쪽 사진도 한국 고유의 돌하르방과 다른 중국의 유사 대응물이 나와서 오히려 돌하르방 연상을 방해하는 결과를 초래합니다. 네이버 사전에서처럼 앞에 济州岛(제주도)라는 부연설명을 넣어도 의미가 없을 것 같습니다. 번역어 石头老人이 정확한 설명과 사진(오른쪽)을 제공한다는 점을 고려하면 '石爷'는 폐기되어야 할 번역어라 볼 수 있습니다. 중국인들에게 제주도가 유명하고 익숙해졌기 때문일까요? 번역어 石头老人은 장승의 번역어보다 널리 보급되어 안착한 느낌을 줍니다. 다음 장에서는 중국에 각종 패러디가 난무할 정도로 파급효과가 컸던 콘텐츠 두 가지에 대해 이야기해보겠습니다.

번역 이야기

자국화(domestication)와 이국화(foreignization)

네이버 영한사전에 'Dragon'을 입력하면 '(신화 속에 나오는) 용'이 검색결과로 나옵니다. 하지만 인기 있는 애니메이션 제목들을 보면 전부 '드래곤 길들이기'나 '드래곤 볼'이라고 하지 '용 길들이기' 또는 '용 볼'이라 하지 않습니다. 전자에 등장하는 것은 서양의 용이니 '드래곤'으로 이국화 번역을 통해 동양의 용과 차별화하는 것도 이해가 가는데 후자는 동양의 용이 나오는데 왜 원작부터 국내번역까지 '드래곤'이란 어휘를 사용하는지 여러 생각을 하게 됩니다.

"슐라이어마허는 두 말할 나위 없이 이국화의 방법을 선호했다. 자국의 토양은 외래종 식물을 이

79

식함으로써 척박하게 되기는커녕 오히려 더욱
비옥하게 된다는 것이다."

김욱동,『번역의 미로』

슐라이어마허의 말대로 'Dragon'을 '용'으로 번
역하면 서양의 '드래곤'과 동양의 '용'이 하나의
어휘에 섞여서 지내야 합니다. '용'이라고 하면 그
것이 어떤 것을 가리키는지 애매한 상황이 생기
게 되죠. 하지만 '드래곤'이라는 낯선 어휘를 새
로 만들어 기존의 '용'과 구분지어 사용하면 우리
문화권에 들어온 외래종 상상의 동물을 명확히
지시할 수 있습니다.

한국과 일본은 서구 어휘들을 이국화 번역을 통
해 받아들이는 데 익숙한 것 같습니다. 예를 들
면, 'Television'은 '텔레비전'과 'テレビジョン(테
레비존)'으로 음역을 통해 낯설게 받아들였습니
다. 하지만 중국은 주로 자국화 번역을 사용합니
다. 그래서 'Television'도 '电视(diànshì/전기+보
이다)'로 이해하기 쉽게 풀어서 받아들입니다. 예

를 더 들자면 '드론'은 일본과 중국에서 각각 'ド
ローン(도론)'과 '无人机[wūrénjī/무인기]'로 각자
다른 번역 방식을 취하고 있습니다.

중국이 한국처럼 이국화 번역에 익숙하다면 '장
승'을 长丞[chángchéng]으로 한자 그대로 번역
하거나 음역을 시도해 보는 것도 좋을 것 같습니
다. 하지만 지금 보았듯이 기본적으로 자국화 번
역을 사용하는 것이 익숙한 사람들에게 쉽게 받
아들여지지 않을 것 같습니다. 대부분의 중국제
자들이 이미 잘 알고 있던 '돌하르방'도 음역이나
한자어 번역이 아니라 자국화 번역으로 石头老
人[shítóulǎorén]이라고 하니 그런 생각이 더 듭
니다. 물론 한류의 영향으로 한국어의 '~습니다'
의 음역인 '思密达[sīmìdá]'를 말끝마다 붙이는
게 유행이기도 했고, 드라마에 자주 등장해 익숙
해진 '오빠'란 단어도 비슷한 발음 '欧巴[ōu bā]'
로 많은 한류 팬들의 입에 오르내렸습니다. 이국
화 번역을 통해 한국어가 주는 느낌을 살리고 싶
었던 거죠. 한국과 한국어를 좋아하는 모습에

괜히 어깨가 으쓱해지기도 하지만 이런 유행어가 최대 몇 개까지 생길 수 있을지 모르겠습니다. 분명한 것은 이국화를 하건 자국화를 하건 번역에 오역이 없도록 한국인이 관심을 갖고 살펴야 한다는 점입니다.

5장 무형 문화 ─ 저승사자, 도깨비

✎ ══════════ 중국에서 한국 영화와 드라마의 인기가 갈수록 높아지면서 드라마 '쓸쓸하고 찬란하神—도깨비(이하 도깨비)'나 영화 '신과 함께'에 나온 '저승사자', '도깨비' 등 한국 민속 문화콘텐츠가 널리 알려졌습니다. 물론 현대적 해석을 거치며 일부 내용에는 변화가 생기기도 하지만 그 콘텐츠를 담는 1차 미디어인 '저승사자'나 '도깨비' 등 단어는 변화하지 않고 사용되고 있죠. 아래는 저승사자의 사전검색 결과 및 저승사자에 대해 사전이 제공하는 정보와 설문조사 결과입니다.

저승사자 : 阴差[yīnchāi], 黑白无常[hēibái wúcháng]

저승사자 : 저승에서 염라대왕의 명을 받고 죽은 사람의 넋을 데리러 온다는 심부름꾼

출처(오른쪽): TVN 드라마 <도깨비> 홈페이지

	阴差	黑白无常
사전 설명	14	9
사진	17	6

사전의 설명을 보면 저승사자는 어휘에 저승이라는 [장소]와 사자라는 [역할]이 동기화되어 있네요. 주목할 점은 사이트에서 검색을 하면 왼쪽 사진과 같은 저승사자의 이전 이미지는 보기 어

렵고 오른쪽 사진처럼 드라마 '도깨비'에서 배우 이동욱이 연기한 저승사자가 이미지의 대부분을 차지한다는 점이에요. 어휘도 죽고 살지만 어휘가 연상시키는 이미지의 원형이 더 빠르게 변화를 겪는다는 점을 보여줍니다. 앞에서 어휘 '집'이 지역이나 문화에 따라 다른 원형 이미지를 갖는다는 것을 보았는데, 이 외에 같은 지역이나 같은 문화권이라 해도 시대나 환경의 변화에 의해서도 원형 이미지는 변할 수 있습니다. 그래서 번역의 목적이 출발어가 출발어 독자에게 연상시키는 것을 도착어가 도착어 독자에게 연상시키도록 하는 것이라면 어떤 이미지를 연상시키고 보급할 것인가 하는 문제에 대한 고려가 필요합니다. 아래는 번역어에 대한 중국 사이트 百度의 설명과 이미지예요.

阴差, 道教神话中阴间当差的鬼魂或者人类。
(阴差, 도교신화 중 저승에서 심부름꾼 역할을 하는 귀신이나 사람)

黑白无常, 亦称无常。是中国传统文化中的一对神祇, 也是最有名的鬼差。

(黑白无常, 무상이라고도 하며 중국전통문화에 나오는 한 쌍의 신으로 가장 유명한 귀차다.)

출처: 바이두(百度图片 http://image.baidu.com/)

이승의 상대개념으로 죽은 자의 영혼이 가는 저승은 黃泉(황천), 阴府(음부)등 다양한 번역이 가능합니다. 백과사전에 "황천은 중국 오행(五行)에서 땅 빛을 노랑으로 한 데서 나온 말이다. 즉, '지하에 있는 샘'으로서 굴식 고분의 구조에서 연상했거나, 아니면 고대의 매장의식(埋葬仪式)에서 유래된 것이라 한다."고 나와 있습니다. 우리는 항상 새롭거나 추상적인 것들을 기존의 구체적인 지식을 통해 이해합니다. 그래서 저승은 보통 '땅'을 매개로 이야기 되거나 음양이론의 '음'을 통해 표현됩니다. '阴差'는 환유적으로 '저승'을 상징하는 '阴'과 '파견하다'라는 의미의 '差'로 구성되어 있는데, 이는 결국 [장소]와 [행위]로 한국어 저승사자와 유사한 의미구조를 보이지만 왼쪽 그림을 보면 이미지의 차이가 큽니다. 한국 저승사자가 좀 더 차려입은 느낌이네요. 중국인들에게 익숙한 '黑白无常'은 이미지에서 더 심한 차이를 보여 설문조사에서도 선호도가 낮습니다. 아마 흑백무상은 두 사람이 짝을 지어 다니기 때문에 그 차이가 더 크게 느껴졌을 것 같습니다. 하지만 '신과 함께'처럼 일직차사와 월직차사 등 두 사람이 짝을 이룬 사진을 보여주고 설문조사를 했다면 다른 결과가 나왔을 수도 있습니다. 저승사자에 대한 이미지가 한 가지는 아니니 생기는 현상이겠죠. 중간 사진이 전통적인 흑백무상의 원형 이미지라면 오른쪽 그림은 게임콘텐츠 등의 캐릭터로 등장하게 되면서 변형을 겪은 이미지입니다. 검색을 해보면 섹시함이나 귀여움 등이 강조되는 등 다양한 이미지로 소비되고 있습니다.

중국에서 배우 공유의 인기를 높이고 각종 패러디 사진을 유행시켰던 드라마 '도깨비'는 제목에 드러나듯이 '도깨비'를 주인공으로 하고 있습니

89

다. 드라마의 제목은 중국어로 <孤单又灿烂的 神-鬼怪>로 의미를 살려서 번역했습니다. 사전에서 검색된 도깨비의 번역어와 해당 백과사전 설명 및 이미지는 아래와 같습니다.

도깨비 : 鬼[guǐ], 人妖[rényāo], 精灵[jīnglíng], 鬼怪[guǐguài]
도깨비 : 동물이나 사람의 형상을 한 잡된 귀신의 하나.

출처(오른쪽): TVN 드라마 <도깨비> 홈페이지

	鬼	人妖	精灵	鬼怪
설명	6	2	3	13
사진	2	0	1	18

백과사전 설명을 통해서는 이미지나 특징을 파악하기 어렵습니다. 검색 이미지를 보면 드라마의 인기로 배우 공유의 이미지가 대부분을 차지해 제가 어린 시절 동화책에서 보던 왼쪽의 원형 이미지를 대신하고 있습니다. 번역어의 선호도를 보면 드라마의 영향으로 많은 중국유학생들에게 도깨비의 번역어는 鬼怪로 고착되었다는 점을 확인할 수 있고요. 아래는 중국 사이트에서 검색한 각 번역어의 설명과 이미지입니다.

某些宗教或迷信的人认为人死后有"灵魂", 称之为"鬼"。(어떤 종교나 미신을 믿는 사람들은 사람이 죽은 후 '영혼'이 있다고 믿는데 그것을 鬼라 한다.)

人妖(ladyboy)主要指的是专事表演的从小服用雌性激素而发育的男性。这一类人多集中在泰国, 称之为"人妖"。(人妖는 주로 전문적으로 공연에

종사하는 어려서부터 여성호르몬을 복용하고 자란 남성을 가리킨다. 이런 부류의 사람들은 태국에 집중되어 있는데 "人

妖"라고 한다.)

精灵(英语:Elf)是一种日耳曼神话中所出现的生物，他们往往被描绘成拥有稍长的尖耳、手持弓箭、金发碧眼、高大且与人类体型相似的日耳曼人的形象。(精灵은 게르만신화에 나오는 생물로

그들은 자주 비교적 긴 귀가 있고 손에는 활을 들고 금발에 푸른 눈을 한 키가 큰 인류와 비슷한 체형의 게르만인 이미지로 묘사된다.)

鬼怪指的是一些鬼魂和幽灵，大多给人的印象都是鬼异邪祟，倾向做坏事为多的一类；有些则给予人神秘莫测，不知是敌是友的感觉。(鬼怪는 일부 귀신과 유령을 가리

킨다. 대부분 사람들에게 주는 인상이 모두 요사스럽고 나쁜 일을 많이 하는 경향이 있다.

어떤 경우는 사람들에게 예측불가하고 적인지 친구인지 모를 감정을 갖게 한다.)

사진 출처: 바이두(百度图片 http://image.baidu.com/)

鬼(귀신)은 백과사전에 첨부된 이미지가 없는데 百度 이미지를 보면 여러 가지 이미지들이 너무 다양하게 제시되어 한 가지 이미지로 특정하기 어렵습니다. 그래서 백과사전에 특정 이미지를 올리지 못 한 것 같습니다. 괜히 이미지만 몇 십 페이지 보다가 제가 심약한 사람인 걸 확인하는 시간만 가졌습니다. 人妖는 설명과 사진으로 알 수 있듯이 (태국의) 트랜스젠더를 뜻하는 용어로 사용되고 있음을 알 수 있습니다. 精灵은 이미지의 대부분을 할리우드의 엘프가 차지하고 있고요. 이 번역어들은 개념과 이미지에서 모두 '도깨비'와 큰 차이를 보이고 있어 번역어로 적합하지 않습니다. 鬼怪의 이미지는 중국 사이트에서도 드라마 도깨비의 사진으로 가득한데 드라마의 성공으로 한국어 '도깨비'와 중국어 '鬼怪'의 원형 이미지를 배우 공유가 독점하고 있습니다.

출처: 바이두(百度图片 http://image.baidu.com/)

여기서 더 생각해 볼 것은 人妖, 精靈과 鬼怪 모두 중국에 원래 있던 단어라는 점입니다. 태국의 트렌스젠더, 할리우드의 엘프나 드라마 도깨비를 위해서 만든 신조어가 아니죠. 그렇다면 이전에는 그 단어들이 무엇을 지시하고 있었을까요? '박응석'이나 '치악산'처럼 고유명사는 단어가 가리키는 지시대상이 거의 고정적인 편이지만, 위에 있는 보통명사들은 시대에 따라 그 내용물을 바꿔가고 있습니다. 어떤 것들은 한 시대에 여러 가지 이미지를 갖기도 합니다. 精靈의 경우 위의 왼쪽 그림처럼 팅커벨처럼 날개가 달린 작고 귀여운 요정을 가리키는 데도 사용되고 있습니다. 그래서인지 포켓몬스터의 중국어 번역은 오른쪽 그림에 보이듯이 <精靈宝可梦>입니다. 우리가 말과 글에 보통 보통명사를 사용한다는 것을 고려하면 동상이몽(同床異梦)은 감수해야 할 리스크입니다.

번역을 출발어의 독자가 느낀 것을 도착어의 독자도 느끼게 하는 작업이라고 한다면 생각할 것이 하나 더 있습니다. 도깨비하면 배우 공유가 떠오르는 현상을 어떻게 받아들여야 할까요? 과거 우리가 알던 방망이를 든 뿔이 달린 도깨비가 떠올라야 맞는 걸까요? 주강현은 일본의 오니鬼가 우리 도깨비로 둔갑하여 동화책과 텔레비전을 장식해서 많은 사람들이 오니를 우리 도깨비로 착각하는데 그 이유는 일제강점기에 초등교육을 받은 사람들이 잘못 배운 지식을 그대로 전수한 데 1차적인 책임이 있다고 합니다. 그럼 도깨비의 원형 이미지는 무엇일까요? 저는 답을 제시할 자신도 없고 답이 있는지도 모르겠습니다. 도깨비라는 어휘가 연상시키는 이미지가 무엇이어야 하느냐는 문제보다 드라마 도깨비가 이미지를 고착화했다는 점에 더 주목하고 있어서요. 물론 이미지가 왜곡되는 것은 경계해야 하지만 영화, 드라마 등 한류콘텐츠에 우리가 알리고자 하는 문화 이미지를 배경으로 삽입하면 번역어와 우리가 연상시키고자 하는 원형 이미지를 손쉽게 연결시킬 가능성을 보여준다는 점이 번역의 효과를 높이는 것은 물론 한국 문화를 널리 알리는 과정에서 굉장히 중요하게 느껴지기 때문입니다.

번역 이야기
수식어와 중심어

이제 정보를 수용할 때의 선후 관계에 대해서 이
야기해보려 합니다. 우선 명작 하나 보겠습니다.

폴 고갱(Paul Gauguin), <우리는 어디에서 와서 어디로 가는가>

(Where do we come from? Who are we? Where are we going?)

출처: 위키미디어

그림을 볼 때 어떤 것부터 보셨어요? 그림 아래
제목을 볼 때는요? 그림은 중앙에 위치한 사람
을 먼저 봤을 수도 있고 왼쪽부터 훑어 보셨을 수

도 있을 것 같습니다. 여러 가지 방식이 있겠지만 첫 순간에는 전체를 한눈에 파악하는 일은 모두가 하셨을 것 같아요. 제목은 왼쪽에서부터 읽었을 거고요. 그림의 일부분씩 보기 시작할 때 보는 순서는 임의적으로 자유롭게 정하는 반면 글은 그 순서가 정해져 있어요. 다른 말로 그림은 비선형적, 글은 선형적이라 할 수 있습니다. 물론 한국어를 늘 왼쪽에서 오른쪽으로 읽는 연습이 되어 있다 보니 그림도 그 순서로 볼 수도 있습니다.

글에 선후관계가 있으니 한 사건을 말하는 방식도 여러 가지일 수 있습니다. "난쟁이가 작은 공을 쏘았다.", "작은 공을 쏘아올린 것은 난쟁이다.", "쏘아올린 작은 공은 난쟁이의 것이다." 등 한 사건에 많은 표현이 존재합니다. 문장 층위에서 보면 문장 끝에는 보통 새로운 정보가 나옵니다. 그래서 말은 끝까지 들어봐야 한다는 거죠. 시작은 화자와 청자가 서로 아는 정보로 시작해서 새로운 정보를 더해가야 이해가 쉬우니까요.

어휘차원에서는 복합어를 예로 살펴보겠습니다. 복합어를 수식어와 중심어로 구분하면 이미 그 용어에 드러나듯이 뒤에 놓인 중심어가 의미의 틀 또는 뼈대가 됩니다. 저는 중문과라서 수많은 중국어 수업을 들었습니다. 의료 중국어, 관광 중국어, 문화 중국어, 초급 중국어, 중급 중국어, 고급 중국어…… 모두 중국어 수업이지만 수식어를 통해 어떤 성질의 것인지 구분이 갑니다. 앞의 수식어는 중심어의 의미를 더 구체화시켜주면서 세상에서 가리킬 대상을 줄여주는 역할을 하는 거죠. 중심어가 뼈대이기 때문에 언어학을 전공으로 한다면 심리 언어학을 배우겠지만 심리학이 전공인 사람들은 언어 심리학을 배웁니다.

위에서 다뤘던 人妖는 백과사전에서 'lady boy'라는 설명으로 시작합니다. 이걸 보고 여러 생각이 들었습니다. 중심어가 lady가 아니라 boy라서요. 자신을 여성이라고 생각하는 사람들을 사회가 '~한 소년'이란 표현을 쓰는 게 어떤 의미일까요? 우리는 '비바람이 분다.'고 말하지 '비바람이 내린다.'고 하지 않습니다. '비바람'의 중심어 '바람'과 관계하는 술어 '불다'를 쓴 것입니다. 인지적으로 비바람의 정체성을 '바람'에 둔 것이죠. 이런 점에서 'lady boy'는 그들을 소년이라는 틀로만 보고 있는 것 같아 안타깝습니다.

6장 브랜드(1) — 농심, 신라면

✐ ▬▬▬▬▬ 브랜드 네임(BRAND NAME)은 외국시장에 진출하기 위해 가장 먼저 고려해야 할 중요한 부분입니다. 특히 중국은 '애플'이나 '맥도날드' 같은 글로벌 기업도 '苹果[píngguǒ]'와 '麦当劳[Màidāngláo]'처럼 중국 고유의 브랜드명을 사용하기 때문에 이름을 새롭게 지어야 하는 수고가 필요합니다. 중국에서 성공한 대표적인 한국 기업으로는 농심, 오리온과 삼성 등이 있는데 아래에서 그들의 사례를 보겠습니다. 우선 큰 매출을 기록하고 있는 농심에 대한 기사부터 보시죠.

103

세계 최대 시장인 중국에서 농심의 성공 비결은 제품과 마케팅 위주의 '투 트랙 전략'이다. 제품은 한국의 매운맛을 그대로 유지하는 것을 원칙으로 하되 광고나 마케팅 등은 철저하게 현지 문화와 트렌드를 우선시했다. (중략) 조인현 농심 중국 법인장은 "중국에서 경험할 수 없는 한국 특유의 얼큰한 맛이 중국인들이 신라면을 찾는 가장 큰 이유"라며 "신라면의 빨간색 포장과 '매울 신(辛)'자 디자인을 두고 중국인들도 종종 자국 제품이라고 여길 만큼 신라면은 중국 시장에 성공적으로 안착했다"고 설명했다.

<한경비즈니스> 제1195호(2018.10.23)

출처: 바이두(百度图片 http://image.baidu.com/)

농심의 마케팅 전략이 번역과 많이 닮았습니다. 한국 특유의 얼큰한 맛을 유지한 것은 낯설고 신선하게 다가가기 위한 이국화 번역과 닮았고, 빨간색 포장과 '매울 신(辛)'자 디자인을 통해 농심의 대표상품을 중국인들이 자국 제품이라고 여길 만큼 현지화 했다는 부분은 독자에게 익숙한 방식으로 접근하는 자국화 번역과 유사합니다. 라면에서 맛이라는 본질은 지키고 사람들의 첫인상을 좌우할 디자인은 친근하게 다가갔다는 점에서 성공적입니다. 물론 한국의 디자인에서 큰 변화를 주지 않았지만요.

빨간색은 태양, 불 등 자연물을 통해 빛을 상징하게 되면서 상서로운 색이라는 지위를 얻어서 많은 중국인들이 좋아합니다. 이 때문에 세뱃돈이나 상여금 등을 빨간 봉투에 넣어서 주거나 결혼식에는 신부가 빨간색 드레스를 입는 등 좋은 일에 빨간색이 빠지지 않습니다. 이 외에도 빨간색은 피와 같은 색이기 때문에 혁명을 의미하므로 공산주의 국가의 국기에 배경색으로 많이 사용되기도 하고요. 위에서 빨간색과 직접적인 연관성을 갖는 것은 매운 맛일 것 같습니다. 아마 우리가 빨간 불 앞에서 느낀 열과 매운 것을 먹었을 때 나는 열이 상관성을 갖게 되면서 매운 맛이 빨간색과 동기화된 것 같습니다. 결과적으로 중국인이 좋아하는 색이기도 하고 매운 맛도 연상시킨다는 점에서 매우 적절하네요.

그렇다면 '매울 신(辛)'자는 현지화와 어떤 관련이 있는 걸까요? 브랜드 네임에서 딱히 현지화에 대한 노력을 느낄 수 없는 이유는 중국과 한국이 모두 '한자 문화권'이라 한국에서 사용하던 이름을 고치지 않고 그대로 사용했기 때문입니다. 물론 '매울 신(辛)'자는 현대중국어에서 단독으로 잘 사용되지 않는 한자입니다. 그래서인지 농심은 마오쩌둥이 쓴 시의 한 구절로 유명한 '不到长城非好汉[bú dào Chángchéng fēi hǎohàn](만리장성에 와보지 않은 자는 사내대장부가 아니다)'을 '吃不了辣味非好汉[chībuliǎo làwèi fēi hǎohàn](매운 걸 먹지 못하면 사내대장부가 아니다)'으로 패러

디한 광고 슬로건으로 브랜드 이미지를 현지인에게 다시 한번 강조합니다.

김병욱은 『브랜드 마케팅을 배우다』에서 브랜드 요소(brand identity resource)로 브랜드 네임, 슬로건, 로고와 심벌, 캐릭터, 패키지, 청각요소, 색깔 등이 있다고 합니다. 우리가 브랜드를 인지할 때 이름만 보는 것이 아니므로 기타 요소도 고려해야 할 것 같습니다. 다른 요소로 구축하고자 하는 이미지를 보완할 수 있다면 한 가지 요소에서 모든 의미를 전달할 필요는 없으니까요. 위의 사진을 보면 신라면 포장지를 통해 라면이 조리된 후의 모습을 예상할 수 있는데 그렇다면 이름에 무리해서 그 요소까지 담을 필요는 없을 것 같습니다.

이렇게 이름이 한자로 구성된 회사나 상품들은 일반적으로 원 브랜드명을 한자역을 통해 번역하는 경우가 많습니다. 그래서 농심은 农心(nóngxīn), 삼성은 三星(sānxīng), 두산은 斗山

(dòushān), 현대는 現代(xiàndài)로 한자를 그대로 번역하고 있습니다.

한자역을 하면 원 브랜드 의미를 유지하면서 현지화 비용도 낮추는 장점이 있지만 주의할 점도 많습니다.[4] 첫째, 기존 브랜드와 발음이 달라집니다. 같은 한자라도 한국과 중국에서 각자 읽는 방식이 다르니까요. 예를 들어 '농심'은 '农心(nóngxīn)'으로 원 브랜드와 발음이 비슷하지만 엄격히 보면 다른 발음이 됩니다. 둘째, 앞선 이유 때문에 브랜드 프리미엄을 상실하고 국제적으로 브랜드 통합이 어려워집니다. 셋째, 중국인들이 자국 브랜드로 인식할 수 있습니다. 넷째, 기존 의미와 다르게 인식할 수 있습니다. 표음문자인 한글로 접하면서 소리로 인식하는 우리와 표의문자인 한자를 사용하는 중국인이 서로 다른 것을 연상할 수 있다는 겁니다. 즉, 한국인은 '두산'을 듣고 소리로만 인식하지만 중국인은 斗

---

4 한자역을 통한 브랜드 네이밍의 단점은 양윤정(2011), <해음 현상을 통해본 중국어 브랜드 네이밍 기법 연구>

山(dòushān/다투다+산)을 보면 '산과 싸우다'의 의미를 떠올릴 수도 있습니다. 만약 '두산건설'이 라면 이 이미지가 상관없지만 '두산전자'의 경우 라면 원치 않는 이미지가 연상 될 수 있습니다. 이 외에도 '현대'의 경우 중국의 시대구분에서 '현 대'가 1919년 5.4운동부터 중화인민공화국 건국 까지를 가리키고, 그 이후는 '당대'라 하므로 현 대가 가진 의미가 한국에서의 의미와 차이를 갖 게 됩니다. 따라서 중국에 해당 한자어가 존재한 다고 해서 그대로 사용하면 위험하니 그 함의를 조사할 필요가 있습니다.

한자 문화권이라고 한자를 그대로 사용하려 해 도 출발 텍스트의 모든 것이 도착 텍스트에 그대 로 담기지 않아 답답합니다. 이런 답답함은 번역 으로 고민하는 사람들은 누구나 느꼈나봅니다.

"인지과학자 호프 스태터는 16세기 프랑스의 시 인 클레망 마로의 짧은 시를 여러 지인에게 보내 서 영어로 번역해달라고 부탁하고 이후 수년에

걸쳐 수십 장의 답장을 받았다. 하나같이 제각
각인 번역들이지만, 모두 마로의 짧은 시를 번역
한 것임은 분명했다. 아무리 짧은 표현이라도 그
에 대한 번역이 딱 한 가지일 수는 없었다."

데이비드 벨로스, 『내 귀에 바벨피시』

어쩌면 의미 자체가 시간과 장소에 따라 매번 모
습을 바꾸는 것 같습니다. 마치 미야자키 하야
오의 애니메이션 '센(千)과 치히로(千尋)의 행방불
명'에서 주인공 치히로(千尋)가 낯선 공간에서 유
바바에게 이름을 뺏기고 센(千)이라는 이름의 일
부만으로 살았던 것처럼 상품도 다른 공간에서
는 본래 이름을 뺏기는 것 같아 아쉽습니다. 그렇
다면 오리온과 초코파이처럼 영어로 된 회사나
상품의 이름들은 현지화 과정이 좀 다른지 궁금
증이 생깁니다. 여기에는 '의역'이나 '음역'이 필요
한데 다음 장에서 이어서 보겠습니다.

문자와 이미지

보통 단어보다 이미지를 이해하는 편이 더 쉽다. 그래서 형상적 의미와 관습적 의미를 결합한 기호체계는 단순한 국제 언어가 될 수 있다. 비상구 기호는 덜 분명한 까닭에 맥락을 고려하여 해석할 필요가 있다. 가령 이 그림이 방공호 외부에 있으면 입구를 의미할 것이다. 이 기호를 건물 내부에서만 사용하도록 제한해서 어떤 의도인지 알 수 있게 하는 것은 국제 협약이다.

매슈 레이놀즈, 『번역』

111

1장에서 이야기한 자의성과 도상성 기억나시나요? 비상구 그림에 나타난 '문'이나 '사람'은 언어에서는 자의성 때문에 나라마다 다르게 표현되겠지만 그림에서는 도상성을 가져서 유사하게 표현될 것 같습니다. 이와 마찬가지로 동일한 실체인 '라면'도 한국어와 중국어에서 다르게 표현되지만 사진이나 그림은 유사성을 갖게 됩니다. 이런 특성을 고려하면 이미지의 삽입이 번역과정에서 상실되는 의미 중 많은 부분을 보충해줄 것으로 기대됩니다. 그래서 포장에 삽입된 이미지는 매우 중요합니다. 물론 투명봉지를 이용해서 내용물을 보여주는 경우도 있지만 대부분은 환유적으로 제품의 이상적인 모습을 드러냅니다. 푸른 숲이나 초원을 통해 제품이 어디에서 왔는지를 강조하거나 제품의 이상적인 이미지를 보여줘 소비자를 유혹합니다.

만약 한 번도 서양 문화를 접하지 않은 사람이 있다면 『라푼젤』을 읽고 공주가 갇힌 성을 수원 화성처럼 우리에게 익숙한 모습으로 이해할 수도 있습니다. 과장이 심했지만 글로 서양과 동양의 성이 가진 차이를 드러내기는 어렵지만 책에 삽화 한 장만 넣으면 다 해결이 된다는 점을 말하고 싶습니다. 이와 반대로 그림이 보통 스토리의 한 장면만을 보여주기 때문에 글의 도움을 받는 경우도 많습니다. 미술관에 갔을 때 그림만 보고는 이해가 잘 안 갔는데 그림 아래 제목을 보고 고개를 끄덕이는 경우가 그렇습니다. 그래서 진중권은 『이미지 인문학』에서 "발터 벤야민이 사진에서 표제의 역할을 강조하는 것은 사진이 그러한 해석의 비결정성을 극복하고 명확한 정치적 메시지가 되기를 원하기 때문이리라."라고 말합니다. 우리가 마트에서 어떤 상품을 볼 때 그 이름만 보는 것이 아니라 포장된 상품과 마주하게 된다는 점. 그 포장에는 언어 외에 다양한 요소가 함께 의미를 구성한다는 점을 인정한다면 번역에서도 고려해야 할 것들이 얼마나 많은지 알 수 있습니다.

7장 브랜드(2) — 초코파이, 아모레

3억 명 이상의 회원을 보유해 알리바바와 중국
내 온라인 시장을 양분하고 있는 징둥닷컴 측에
따르면 2018년 1월부터 8월까지 가장 많이 팔린
한국제품 TOP 10에서 오리온이 2위를 차지했다.

<중앙일보>(2018.10.28)

오리온의 수출효자상품 초코파이는 어떻게 경쟁
이 치열한 중국시장에 연착륙할 수 있었을까요?
오리온도 처음에는 중국시장 진입이 쉽지 않았다
고 합니다. 처음 북경사무소를 열던 당시 동양(東
洋)이라는 말 때문에 일본 회사로 받아들여질 것
을 우려해 동양제과라는 이름을 버리고 ORION

117

을 소리대로 번역해 奧利安(àolì'ān)이 되려 했으나 주력 상품인 초코파이와 어울리지 않았습니다. 그래서 결국 새로운 이름 好丽友(hǎolìyǒu/좋다+아름답다+친구)를 만들게 됩니다. 설상가상으로 롯데가 영문 chocopie를 먼저 상표등록하면서 초코파이도 원래의 이름을 버리고 '오리온'의 의역 '好丽友'에 'pie'의 음역 '派'(pài)를 더해서 '好丽友派'(hǎolìyǒupài)가 됩니다.

다행히 친근한 느낌을 주는 이 이름은 중국인에게 인기가 좋을 뿐 아니라 好丽友, 好朋友(hǎolìyǒu, hǎopéngyou/오리온, 좋은 친구)라는 라임이 좋아 기억에 잘 남는 슬로건을 만들게 해줬습니다. 오리온은 이 외에 중국 초코파이 포장에는 한국의 情(정)이 아니라 仁(인)을 써서 현지화에 신경을 썼습니다. 중국제자들과 한국 문화에 대한 이야기를 하다보면 情(정)이나 恨(한)만큼 이해시키기 어려운 개념이 없던데 중국인에게 익숙한 유학의 仁(인)을 사용한 것은 효과적이라 생각됩니다.

앞에서 한자어인 신라면이 한자역을 통해 현지화를 노렸다면, 영어로 된 이름 초코파이는 의역(意譯)을 통해 성공한 브랜드입니다. 중국인들은 자국화 번역에 익숙하므로 영어 이름인 경우 중국어 이름을 만들게 됩니다. 이것이 현지화에 유리하며 사업자 등록에 중국어 이름 기입이 의무사항이기도 하고요. 서준은 『한국어 문화어휘와 중국어 번역』에서 한국국제교류재단 발행 계간지 <koreana> 중국어판에 대해 조사했는데, 그 결과를 보면 한국 문화 어휘의 한중번역기법에 한자역이 77.3%, 의역이 19.8%, 음역이 2.5%, 해석을 붙이는 번역방식이 0.4%를 차지한다고 합니다. 앞에서 본 농심처럼 한자어 이름이라 중국에 그대로 진입하는 경우가 아니라면 의역이 큰 비중을 차지하고 있어요.

하지만 의역에 따르는 단점도 살펴봐야 하는데 두 가지만 보겠습니다. 첫째, 좋은 브랜드를 만드는 데 큰 비용을 감당해야 합니다. 박종한·김민수는 『중국 시장 브랜드 전략』에서 "좋은 브랜드란 발음이 용이해야 하고(readability), 기억하기 좋아야 하며(memorability), 브랜드를 통해 제품에 대한 이미지가 선명하게 떠올라야 하고(relevance), 다른 제품과 차별성(differentiation)도 가져야 한다."고 말합니다. 이 조건들을 충족시키려면 많은 노력이 들고 힘들게 만들었어도 그 이름이 성공한다는 보장도 없습니다. 둘째, 기존 브랜드와 큰 발음차이를 가져와 서로 다른 브랜드로 느껴질 수 있습니다. 이는 중국 사람들이 해당 회사나 상품을 중국 것으로 인식하게 할 수 있으므로 많은 회사들이 중국 이름과 영문 이름을 병기하는 경우가 많습니다.

중국에서 한국 화장품의 인기가 어마어마하던데 AMORE는 어떻게 번역되었을까요? 아모레는 爱茉莉(àimòlì/사랑+재스민)로 음역을 선택했어요. 음역을 선택하면 외국 브랜드 프리미엄을 유지하면서 고급화 이미지 전략이 가능합니다.[5]

---

5 양윤정(2011), <해음 현상을 통해본 중국어 브랜드 네이밍 기법 연구>, 경희대학교 경영대학원 석사학위논문

그래서 세계의 유명 브랜드들은 음역을 많이 사용합니다. 이는 글로벌 기업들이 최대한 자신들의 브랜드를 보존시켜서 프리미엄을 확보하는 것이죠. 특히 화장품의 경우 고급화 이미지 때문에 음역을 많이 사용하는데 세계 화장품 브랜드 168개의 네이밍 기법을 분석한 결과[6]를 보면 음역이 107개(63.6%), 의역이 36개(21.4%), 직역이 19개(11.4%), 원 브랜드명 그대로 쓰는 방식이 6개(3.6%)입니다.

화장품의 경우, 번역 후 브랜드 네임이 갖는 또 다른 특징은 식물이나 아름다움에 관련된 단어가 많이 활용된다는 점입니다. 아모레는 爱茉莉(ài+mòlì/사랑+재스민)으로, 도브는 多芬(duō+fēn/많다+향기)로, 라네즈는 兰芝(Lán+zhī/난초+영지)로 구성되었습니다. 하지만 브랜드 네이밍에 음역을 사용할 경우 중국어 발음체계로 인해 원래의 발음과 차이가 생긴다는

---

6 김현태(2014), <외국 화장품 브랜드의 중국어 네이밍 기법 고찰>, 한중인문학연구

것과 원 브랜드가 가진 의미가 바뀌어 이미지 연상이 바뀐다는 점은 늘 주의해야 합니다.

어떤 번역 전략을 선택하더라도 번역 후에는 발음도 의미도 이전과 '동일'할 수는 없습니다. 그나마 爱茉莉(àimòlì)는 amore의 사랑이라는 의미를 담으면서 발음도 유사하게 낼 수 있었습니다. Lotte도 이와 비슷한 방식을 취해 乐天(lètiān)으로 음역을 합니다. 롯데라는 이름은 신격호 총괄회장이 젊은 시절 "젊은 베르테르의 슬픔"을 읽고 감동을 받은 후 여주인공 이름 '샤롯데'에서 가져왔다고 하는데 乐天(lètiān)의 '낙천'적이라는 의미가 오히려 샤롯데를 떠올리는 데 방해가 되지만 원 브랜드에 유사한 음을 유지하면서 긍정적 이미지를 생산하기는 합니다.

음역과 의역 등을 섞은 혼역(混譯)은 리스크가 큰 브랜드 네이밍 방식입니다. 혼역의 예로 이마트(E-MART)가 있습니다. 여기서 E는 Every day, Economic, Easy를 뜻하기 때문에 중국어로 쉬울 이 '易', 살 매 '买'와 얻을 득 '得'자로 易买得 (yìmǎidé)로 번역했습니다. 원 브랜드의 주요 의미와 마트라는 느낌을 담으면서 발음도 비슷하다는 장점을 챙겼네요. 다른 사례로 starbucks의 번역어인 星巴克(xīngbākè)가 있습니다. 별 (star/星)에서는 뜻을 가져오고, bucks는 巴克 (bākè)로 음을 취했습니다. 스타벅스는 원래 멜빌의 소설 모비딕에 나오는 함선의 일등 항해사의 이름이라는데 그 의미를 버리고, 새로운 의미를 취한 것이죠. 혼역은 잘 만들면 의미와 음을 다 챙길 수 있지만 자칫 많은 비용과 시간만 낭비하고 기존 브랜드의 프리미엄과 의미를 모두 잃을 수 있어서 신중하게 고려해야 합니다.

6장 번역 이야기에서 본 것처럼 번역을 통한 의미의 전달에 언어적 방식만 사용되는 것은 아닙니다. 출발 텍스트의 내용을 꼭 텍스트로 번역하지 않고 그림이나 도표로 옮길 수도 있는거죠. 이런 예는 앞에서 봤던 동화책 말고 우리가 자주 보는 광고포스터에도 잘 드러납니다.

광고포스터 속에서 텍스트와 이미지의 공존은
읽을 수 없었던 것을 '읽을 수 있게', 볼 수 없었
던 것을 '볼 수 있게' 한다. 이렇게 텍스트는 순차
적인 이미지가, 이미지는 공간화된 텍스트가 될
수 있다.

조윤경, 『보는 텍스트 읽는 이미지』

그럼 상품 포장의 전경, 배경, 그리고 심벌마크가
어떻게 의미구성에 영향을 미치는지 살펴볼까요?

출처: 바이두(百度图片 http://image.baidu.com/)

중국에서 판매되고 있는 '오리온 초코파이'의 상
품 사진입니다. 상품 '전경'에는 파이의 사진을 직
접 제시해 상품에 대한 정보를 구체적으로 전달

하고 있습니다. 여기서 주목할 점은 '초코파이'는 '초코'라는 [재료]와 '파이'라는 [음식유형]이 제공되는데 그 번역어 '好丽友派'는 '好丽友'(좋은 친구)라는 [이미지]와 '派'(파이)라는 [음식유형]으로 의미가 구성되어 [재료]에 대한 정보가 사라진다는 점입니다. 하지만 우리는 실제상황에서 초코파이를 살 때 포장에 그려진 초코파이의 이미지를 보게 되는데 이때 그 사라진 의미 '초코'는 복원됩니다. '배경'에는 중국인이 선호하는 빨간 색을 사용하고 있는데 초코파이 포장의 배경색은 원래 파란색과 갈색으로 사용되다가 중국시장에 진입하면서 현지화를 위해 빨간색으로 변화를 준겁니다.

포장 디자인을 살피는 김에 좌측 상단에 있는 로고(Logo)도 보겠습니다. 네임에 디자인 개념을 넣어 시각화한 것을 로고타입(Logotype)이라고 합니다. 로고타입과 함께 쓰이는 것으로 심벌 마크(Symbol mark)가 있는데 로고타입과 심벌

마크를 합쳐서 로고(Logo)라고 부릅니다.[7] 로고를 개발할 때 회사는 판독성을 높이기 위해 로고타입만 사용할 수도 있고, 로고타입과 심벌마크를 함께 사용해 다면적인 의미를 창출하거나, 로고타입을 심벌마크처럼 만들어 사용할 수도 있습니다. 위에서는 로고타입과 심벌마크를 함께 사용하고 있어요. 오리온은 이름을 好丽友(hǎolìyǒu)로 의역했기 때문에 영어네임 ORION을 사용해서 원 브랜드의 프리미엄을 보충하고 있습니다. 심벌마크에서는 지구를 돌고 있는 별을 통해 오리온이라는 이름 자체의 의미를 강화하고 있고요. 한 단어가 뒤따르는 단어에 의해 의미가 정해지듯 브랜드네임도 그 자체만으로 의미가 확정되는 것은 아니므로 주변요소의 중요성에 대해서도 주의를 기울여야 합니다.

---

7 박종한·김민수(2008), 『중국 시장 브랜드 전략』, 궁리

번역 이야기

상향번역과 하향번역

뉴욕이나 파리, 바르셀로나와 같은 선진국의 매
력적인 도시에서는 '습격을 감행하는 여행자'가
되어 스테레오타입으로 분류되기보다는 노바디
가 되어 가급적 눈에 띄지 않으려 한다. 반면 '여
기 사시나봐요?' 같은 말이 별로 달갑지 않은 나
라와 도시도 있다. 그때는 여행자로서 현지인과
적극적으로 구별 짓고자 한다.

김영하, 『여행의 이유』

학교에서 선생님들과 이야기를 할 때 유독 영어
를 많이 섞어 쓰시는 분들이 있습니다. 해당 단
어는 영어로 말하는 게 더 편하다고 하시니 어쩔
수 없습니다. 재밌는 점은 유학한 곳이 영미권이

127

아닌 분들은 이런 경우가 덜한 것 같습니다. 왜일까요? 언어도 김영하가 말하는 여행자와 같아 보입니다. 언어 자체에 위계가 있지 않지만 그 언어를 사용하는 사람들 간에 위계가 설정되어 그들이 사용하는 언어 사이에도 위계가 생긴 경우라고 생각합니다.

번역어도 어떤 때는 도착어에 자신의 모습을 숨기고 그들과 섞이려 하는 반면, 때로는 그들과 구별 짓기를 감행합니다. 벨로스는 이를 상향번역(translation up)과 하향번역(translation down)이란 개념을 통해 이야기합니다. 상향번역은 출발어보다 위상이 높고 독자층이 더 넓은 언어로 번역이 이루어지는 것이고, 하향번역은 출발어보다 독자층이 적거나 문화적·경제적·종교적 위상이 낮은 언어로 하는 번역이랍니다.

그렇다면 한중번역은 어디에 속하게 되는 것일까요? 결론부터 말하자면 영역별로 차이를 갖는 것같습니다. 최근 한류로 중국인들이 한국 드라마나 영화를 많이 접하면서 유행했던 欧巴[ōubā]

와 思密达[sīmìdá]의 사례를 보면 문화콘텐츠 영역에서는 낯설지만 설레는 한국의 느낌을 보존하려는 의도가 보입니다. 각각 '오빠'와 '~습니다'의 '소리'를 그대로 옮긴 거죠. 문화콘텐츠에서 느꼈던 낯설지만 설레는 한국의 느낌을 보존하려는 의도가 보입니다. 이 경우는 출발어의 외래성이 가진 위상이 높아서였다고 할 수 있습니다. 하지만 정치, 경제 등 다른 영역에도 이런 사례가 더 있을까요? 찾기 어려울 것 같습니다.

중문학을 전공하신 분들 중 위와 같은 예처럼 하향번역 또는 이국화 번역을 해야 한다고 주장하시는 분이 많습니다. 하지만 저는 상향/하향이나 자국화/이국화보다 더 중요한 것은 콘텐츠의 힘이라 생각합니다. 앞에서 보았듯이 비록 '도깨비'가 음역이 아니라 의역을 통해 자국화 번역으로 '鬼怪'가 되었지만 이미지 검색을 하면 거의 다 한국 드라마의 스틸 컷이 나오는 것처럼 소프트 파워를 확실하게 다지면 단어가 연상시키는 이미지를 통제할 수 있습니다.

129

8장 관용어 — "라면 먹고 갈래?"

✏️ ═══════════ 외국어를 배우다 보면 선
생님들이 가끔 설명하기 어려운 부분에서 "그 나
라 사람들이 습관적으로 그렇게 써."라는 식으
로 상황을 정리하는 경우가 있습니다. 틀린 말은
아니지만 저는 수업시간에 지양하는 표현입니다.
그 습관에 대한 이해가 우리에게 알려주는 것이
더 많기 때문입니다. 습관적으로 쓰는 말이라는
뜻의 관용어(慣用语). 관습은 그 지역마다 차이를
보이는 만큼 외국어의 관용어는 이해가 쉽지 않
고 번역하기도 어렵습니다.

영화 <봄날은 간다>의 대사로 시작된 유행어

"라면 먹고 갈래?"라는 말을 듣게 되면 우리는 여러 가지 생각이 들 수 있습니다. 말 그대로 해석할 수도 있고, 그 안에 다른(?) 의미를 담고 있다고 생각할 수도 있고요. 이런 말들은 어떻게 번역을 할까요? 이제 관용어의 특징에 대해 살펴보고 그 번역전략에 대해 생각해보겠습니다.

라면, 국, 찌깨, 탕 등 한국인은 확실히 식탁에서 국물이 빠지지 않는 것 같습니다. 조현용은『한국어, 문화를 말하다』에서 "한국어를 보면 '국, 찌개, 탕' 등으로 종류는 다르지만 '국물'이라는 명칭은 같다. 즉, '찌개물'이나 '탕물'은 없다."고 합니다. '초코파이'라는 이름이 자신 이외에 그것과 비슷한 종류의 초코가 들어간 파이들을 전부 지시할 수 있는 것처럼 국물이 나머지를 대신 가리킬 수 있는 것을 보면 한국인에게 '국'이 차지하는 위치가 높은 것 같습니다. 그럼 한국인이라면 누구나 아는 관용어 '미역국을 먹다'부터 살펴보는 것도 좋을 것 같습니다.

'미역국을 먹다'는 '미역국'과 '먹다' 각각을 이해한다고 해도 전체 의미를 알 수 없으므로 관용 표현의 구성 요소를 해체하여 분석하는 것은 무의미하며, 각각의 구성 요소는 관용 표현 전체의 의미에 기여하지 못한다. 또한 '미역국을 맛있게/빨리/후루룩 먹다'와 같이 사용할 수 없다는 문법적 특이성을 갖고 있으므로 글자 그대로의 의미로 사용할 때와 차이가 있다. 따라서 관용표현은 하나의 단위로서 저장되어 있다고 본다.

송현주,『국어 동기화의 인지언어학적 탐색』

이는 관용어가 문자의 일차적 의미를 떠나 은유를 통해 그 너머의 이차적 의미를 드러내기 때문입니다. 은유는 말해진 것(음식영역)을 통해서 다른 영역(시험영역)을 연상하게 하므로 정보의 수용자에게 인지적 노력이 필요합니다. 그래서 문법적으로 단순성을 유지하면서 추론을 용이하게 만드는 거죠. 위의 부사어 '맛있게'나 '후루룩'은 실제 음식을 말할 때는 문제없이 사용되지만 시험을 의미하는 은유적 상황에는 대응할 요소가 없기 때문에 쓰이지 않습니다. 하지만 어느 정도 변형을 허용하는데 '미역국을 만들다'는 은유적 의미가 사라지게 되지만 '미역국을 먹었다'는 가능합니다. '먹다'와 '먹었다'는 각각 목표영역(시험영역)에서 '떨어지다'와 '떨어졌다'에 대응이 가능하기 때문입니다. 물론 시와 같은 문학 영역에서는 창의적 확장을 통해 사용할 수도 있습니다. 이 외에 '미역국'이 '된장국' 등으로 대체되는 것은 상상하기 어려운데 '시험에 떨어지다'라는 은유적 의미(이차적 의미)를 만드는 데 미역국이 주요한 역할을 하기 때문입니다. 미역국은 어디서 이런 함의를 갖게 된 것일까요?

본 뜻 : 1907년 조선 군대가 일본에 의해 강제해산 당했을 때, '해산(解散)'이란 말이 아이를 낳는 '해산(解産)'과 소리가 같아 '해산' 때에 미역국을 먹는 풍속과 연관 지어서 이 말을 하게 되었다고 한다. 그러므로 '미역국을 먹는다'의 본래 뜻은 '일자리를 잃었다'는 뜻이다.

바뀐 뜻 : 오늘날에는 '실직'이라는 본래의 뜻은

없어지고 미역의 미끌미끌한 성질과 연관시켜서

'시험에 떨어졌다'는 뜻으로만 쓰인다.

이재운 외, 『우리말 1000가지』

결론적으로 다른 국에는 '미역국'이 가진 해음현
상과 관련된 스토리도 없고, '미역'처럼 재료가
미끌미끌한 성질도 없어서 대체가 어려울 것 같
습니다. 파파고에서 중국어로 번역하면 '喝海带
汤[hē+hǎidàitāng/마시다+미역국]'으로 직역이 되
네요. 이 번역결과를 중국유학생제자들에게 보
여주니 실제로 미역국을 먹는 것으로만 해석합니
다. 관련 문화적 함의를 배우기 전에는 의역이 필
요한 것 같습니다. 네이버 사전에서 검색하면 不
及格[bùjígé/불합격하다]와 落榜[luòbǎng/낙방하
다] 등의 번역어가 나옵니다. 이 표현의 의미들이
'미역국을 먹다'의 의미와 비슷하지만 동일한 것
은 아니라는 점에서 아쉬움이 남습니다. 그래서
어떤 중국유학생들은 최소한 '시험을 망치다'에
해당하는 중국어 관용어를 써야 한다고 합니다.
오리알이 숫자 0과 비슷해서 시험에서 빵점을 맞

았다는 뜻의 吃鴨蛋[chīyādàn/먹다+오리알] 같은 관용어로요. 최소한 한국어에서 느꼈던 화자의 감정이 전달되는 것 같습니다.

이렇게 보면 "라면 먹고 갈래?"도 의역으로 번역하는 것이 효과적일 것 같습니다. 파파고는 역시 吃完拉面再走(chīwánlāmiànzàizǒu)로 직역이 되어 있습니다. 영화에서 이영애가 유지태와 헤어지기 싫은 마음에 던진 이 대사가 함의를 갖는 이유는 환유 때문입니다. 많은 완곡표현들이 사건의 '부분'을 통해서 다른 '부분'을 가리키는 환유를 사용합니다. 어떤 사람이 책을 펴면 독서를 할 것이고, 수저를 들면 식사를 할 것이고, 신을 신으면 외출을 할 것이라는 예측은 너무 자동적으로 일어나서 추론이라는 생각도 들지 않습니다. 하지만 일련의 연속적 행동들이 반복해서 일어나면 일정한 패턴을 형성하게 되어 뇌가 그중 일부만 입력해도 나머지까지 출력하게 됩니다. 그런 의미에서 라면을 먹고 가라는 말은 그 뒤에 어떤 일이 일어날지는 몰라도 그냥 헤어지는 것과는 분명히 차이가 있을 것 같습니다. 한 중국 사이트[8]에서는 이 말이 중국어의 "要不要上来喝杯茶？(yàobúyàoshàngláihēbēichá/올라와서 차 한잔 하지 않을래?)"와 같은 말이라고 합니다. 미국에서는 "Netflix and chill(넷플릭스를 보며 시간을 보내자)"이라고 번역할 수 있다네요.[9] 두 표현 모두 환유를 기반으로 한 관용표현입니다.

그렇다면 위의 예시처럼 모든 관용어의 의미구조가 동일한 정도로 복잡할까요? 그렇지는 않은 것 같습니다. 은유에 사용되는 영역이 신체를 사용한 경우라면 유사한 의미로 사용되는 표현이 많이 존재하고, 그 지역의 고유 문화에 기초한 경우일수록 대응표현을 찾기 어려워집니다. 이는 한국인이나 중국인이나 신체에 대한 체험은 어느 정도 유사하기 때문이고요. 도착어 문화에 출발어 관용구의 요소와 대응하는 것이 있느냐에 따라 '완전대응형', '부분대응형'과 '대응부재형'으

---

8 www.koreastardaily.com(2018.9.8)

9 www.huffingtonpost.kr(2016.1.7)

로 구분이 가능합니다.[10]

완전대응형에는 신체와 관련된 관용어가 많습니다. '손이 크다'는 手大[shǒudà/손+크다], '눈을 뜨다'는 开眼[kāiyǎn/뜨다+눈]처럼 동일하거나, '눈이 높다'는 眼光高[yǎnguānggāo/안목+높다]로 유사한 것도 있습니다. 물론 '콧대가 높다'에 해당하는 중국어 鼻子高[bízigāo/코+높다]를 중국 사이트에서 검색하면 성형수술과 연예인에 대한 이야기만 쏟아져 나오는 것처럼 신체관련 관용어라 해서 모두가 완전대응인 것은 아닙니다.

부분대응형의 예로는 '국수를 먹다'를 살펴보겠습니다. 중국에서도 결혼식에 먹는 음식이 있으나 보통 국수가 아니라 사탕, 담배와 술 등입니다. 결혼식의 기념품으로 사탕이 많이 나오기 때문에 '국수를 먹다'를 '吃喜糖[chīxǐtáng/결혼식 사탕을 먹다]'이라는 표현으로 대체하여 번역하

---

10   임려(2011), <번역학적 관점에서 본 한국어 관용어 유형 분석>, 한국통번역교육학회

는 것이 가능합니다. 한 가지 예를 더 볼까요. '소 귀에 경 읽기'. 소에게는 불성이 없다는 것을 전제로 한 이 슬픈 관용어의 주인공 소는 중국에서도 비슷하게 쓰입니다. 중국에서는 유사한 표현으로 '对牛弹琴[duìniútánqín/소에게 거문고 연주하기]'가 있지요. 얼마 전 뉴스에서 식물에게도 음악을 들려주면 긍정적 영향이 있다고 하던데 관용어는 자연과학이 아니라 인간의 상식을 반영하는 것이므로 넘어가겠습니다. 주목할 점은 한국에서는 '소'와 '불경'이, 중국에서는 '소'와 '음악'이 연결되어 있다는 것입니다. 중국에도 불교가 있고 한국에도 거문고가 있지만 각기 다른 기호로 부호화된다는 점이 재밌어요. 같은 환경에서도 다른 문화적 표현이 발생할 수 있다는 것을 보여줍니다.

마지막으로 '대응부재형'은 한국에만 고유한 문화인 경우와 형태가 완전히 다른 경우로 나눌 수 있습니다. 전자는 '미역국을 먹다'로 이미 살펴보았기 때문에 후자의 예만 보자면 개인적으로 위험하게 느껴지는 행동 '누워서 떡먹기'가 있습니다. 중국어에는 유사한 형태의 관용어가 없고 유사한 의미의 관용어를 찾아보면 易如反掌 (yìrúfǎnzhǎng/손바닥 뒤집기) 정도가 있습니다. 이처럼 비슷한 대응물조차도 없는 경우에는 비슷한 의미를 지닌 표현으로 대체할 수밖에 없습니다.

휴먼 스케일(human scale). '의자'가 지역마다 서로 다른 재료로 만들어 질 수도 있고 다른 장식을 가질 수도 있습니다. 하지만 모두 인간이 사용하기 위해 만들었기 때문에 최소한의 보편성을 갖게 됩니다. 옷, 신발, 그릇, 컵, 침대, 가구 등 대부분의 의식주와 관련된 인공물들은 휴먼 스케일에 의해 만들어져서 우리는 그것을 보자마자 어떻게 사용할 것인지 대략 짐작할 수 있습니다. 하지만 그 인공물들이 조금씩 차이를 보인다면 그건 서로 다른 환경에서 엮어진 고유의 패턴이 담겼기 때문일 겁니다. 수수께끼 같은 문화를 풀어내며 이해하는 여정에 번역이나 은유의 이론들은 유용한 힌트가 될 수 있습니다.

번역이야기

동물과 상징

얼마 전 터키로 여행을 갔는데 버스에서 보내는 시간이 꽤 길었습니다. 그래서 책을 보고 있는데 어떤 분이 저에게 차에서 책을 보면 멀미나지 않냐고 하시더군요. 본인은 음악을 듣는 게 좋다고 했습니다. 음악도 좋지만 저는 여행지와 관련된 가벼운 책을 읽고 책 한 모퉁이에 여행기간과 지역이름을 써두는 것을 좋아합니다. 나중에 책장에서 우연히 그 책을 보면 여행할 때 느꼈던 감정이 되살아나서요. 물론 음악을 들었던 사람이라면 그 음악이 여행의 기억을 떠오르게 할 것 같습니다. 우리는 이렇게 동시에 여러 경험을 하고 그 경험들은 하나의 덩어리로 기억됩니다. 그래서 그중 하나의 경험(책)이 재생되면 나머지 경험(여행)

143

이 함께 환기됩니다. 만약 한 사회가 공유하는 경험이 있다면 속담 같은 기호로 고정되게 됩니다. 그렇게 은유나 상징을 공유하게 됩니다.

너도 보고 나도 보고 그 사람도 볼 수 있어야 경험이 공유되니 속담에는 우리 주변에서 쉽게 볼 수 있는 것들이 많습니다. 그래서 동물을 주제로 한 속담이 많고 그중에서도 익숙한 동물인 개, 소와 닭 등이 특히 많이 등장합니다. 이 외에도 호랑이나 용처럼 강렬한 개성을 갖고 있다면 자주 보지 못하거나 상상으로 존재한다 하더라도 속담의 주인공이 될 수 있습니다. 중요한 점은 지역마다 각 동물이 상징에서 맡고 있는 역할이 조금씩 다르다는 점입니다.

요즘은 "개천에서 용났다."라는 말이 더 이상 맞지 않는 말이라니 안타깝습니다. 파파고에서 번역하니 '穷山沟里出壮元(qióngshāngōulǐ chūzhuàngyuan/궁벽한 산골짜기에서 장원이 나오다)'로 직역한 결과가 나옵니다. 차라리 같은 동물을 사용한 중국어 속담 '鸡窝里出凤凰 (jīwōlǐchūfènghuáng/닭장에서 봉황이 나오다)' 이 느낌을 더 잘 살려주는 것 같습니다. '개천' 대신 '닭장'이 '용' 대신 '봉황'이 쓰이기는 했지만 앞에 나온 두 장소에서 뒤에 나오는 상상의 동물들이 나왔다는 감탄을 자아내기에는 충분하니까요. 한국어에서도 "닭의 새끼 봉이 되랴."라는 속담으로 닭을 굳이 환상의 동물 봉황과 비교하고 있습니다. 닭에게는 미안하지만 비교도 강조의 기법 중 하나니 어쩔 수 없는 것 같아요. 그래도 개와 동병상련의 아픔을 나눌 수 있을 것 같습니다. "개 눈에는 똥만 보인다."처럼 개는 똥과 잘 묶이거든요. 중국에서도 마찬가지로 "狗改不了吃屎(gǒugǎibùliǎochīshǐ/개는 똥 먹는 습관을 고칠 수 없다)"라는 속담이 있습니다.

폴란드의 인지언어학자 krzeszowski[11]는 가치의 위계구조를 '존재의 대연쇄 이론(theory of the

---

11 임지룡(2012), 현대 국어 동물 속담의 인지언어학적 가치론, 국어교육연구

great chain of being)'으로 설명하고 있습니다. 신→인간→동물→식물→무기물로 사람은 '가치'에 우선순위를 둔다는 것입니다. 그래서 보통 "술 먹으면 개가 된다."라고 하면 인간을 그 하위 층위의 동물로 표현했으니 가치를 저평가한 것으로 보는 거죠. 물론 동물을 사용해서 인간을 칭찬하는 경우도 있지만 그 예가 적습니다. 언어도 '존재의 대연쇄 이론'도 사람이 만든 것이라 그렇습니다.

9장 기계번역 — 앵무새 키우기

✏️ ═══════════ 얼마 전 구글이 번역 앱
의 카메라 기능을 또 업데이트했다는 기사를 봤
습니다. 다른 기사에서는 파파고[12]가 음성인식
기술의 발달과 함께 통역기능을 강화했다는 이
야기도 봤습니다. 이제 외국에 나가서 외국어 간
판이나 메뉴판에 핸드폰을 향하면 다 번역이 되
고 외국인과 말할 때 핸드폰이 중간에서 통역을
해주는 새로운 세계가 열리는 것일까요? 기계번
역을 이야기한 책, 논문과 기사를 찾아봤습니다.
기계번역의 발전 속도가 빨라서 관련 기사는 연

12　파파고(papago)는 국제공용어인 에스페란토어로 앵무새를
　　뜻합니다.

이어 쏟아져 나왔고 책과 논문은 그 변화들을 설명하기 바빴습니다.

학교에서 수업 중에 짧은 글쓰기를 자주 하는 편인데 그때마다 많은 중국유학생들이 핸드폰 번역 앱의 도움을 받는 것 같습니다. 어떤 분들은 이런 상황을 못 마땅해 하시던데 저는 오히려 충분히 활용을 못 할까봐 걱정이 됩니다. 하지만 제 한국어 질문을 중국어로 번역하고 자신의 생각을 다시 한국어로 번역해 제출한 결과를 보면 기가 막힐 때가 많습니다. 번역이 너무 엉망이어서 위에서 봤던 기계번역 기사들이 사기처럼 느껴질 정도로요.

"친애하는 정 ah 공원"

얼마 전 제 아내가 알리익스프레스에서 옷을 구매하고 받은 메일이 이렇게 시작됩니다. 위에 영어가 있어서 상황파악이 가능했습니다. "Dear jeong ah park". 어떤 번역기를 사용했길래 '친애하는' 뒤에 '공원'이 나올 수 있는 건지 한참 웃었습니다. 'ah'는 아예 번역도 하지 않았습니다. 그래도 기계번역의 상용화가 번역가 외에 일반인들의 생활에도 큰 영향을 미치고 있다는 건 알겠네요. 우리는 이 변화가 의미하는 것이 무엇인지, 나와 어떤 관련이 있는지 알아두는 것이 좋을 것 같습니다.

중국에서 번역된 한국영화제목과 파파고가 그걸 어떻게 번역하는지 보고, 이를 통해 인간번역과 기계번역을 간단하게 비교하며 살펴보겠습니다. 아래 순위는 한 중국 사이트에서 조사한 중국관객들의 평점에 따른 한국영화순위입니다.[13]

	한국 제목	중국 제목	파파고 번역
1위	살인의 추억	杀人回忆 (shārénhuíyì)	杀人回忆
2위	도가니	熔炉(rónglú)	도
3위	집으로	爱, 回家(àihuíjiā)	回家
4위	올드보이	老男孩(lǎonánhái)	老男孩
5위	써니	阳光姐妹淘 (yángguāngjiěmèitáo)	sunny

---

13 출처: <http://www.mtime.com/top/movie/top100_south_korea/>

'살인'처럼 한자어가 사용된 경우라면 한자역을 했고, '추억', '도가니'나 '집으로' 등은 중국어에서 대응어를 찾아 각각 '回忆(huíyì/추억)'. '熔炉(rónglú/용광로)'와 '回家(huíjiā/귀가하다)'로 직역했습니다. 이 외에 영어를 제목으로 사용한 경우 'old'는 老(lǎo/늙은)', 'boy'는 男孩(nánhái/남자아이), sunny는 阳光(yángguāng/햇살)으로 모두 직역을 했네요. 다만 영화의 느낌을 살리기 위해 '집으로'에는 '爱(ài/사랑)'를 '써니'에는 '姐妹(jiěmèi/자매)'와 '淘(táo/장난기)'라는 단어를 첨가했습니다. 이런 첨가번역 등 번역자의 적극적인 개입이 파파고 번역에는 나오지 않습니다. 재밌는 점은 파파고에서 '도가니'가 '도'로 오역이 되거나 '써니'의 번역 값이 'sunny'로 나온 점인데요. 이는 AI번역기인 파파고의 번역 결과물이 문법을 해석하며 번역을 하는 것이 아니라 기존에 인터넷에서 이뤄진 번역을 기초로 하기 때문입니다. '도가니'가 번역되지 않은 것도 '써니'가 중국어가 아닌 영어 'sunny'로 번역된 것도 이전 번역활동들의 재현일 뿐입니다. 아래 파파고

개발자와의 인터뷰 기사를 보면 이해가 쉬울 것
같습니다.

파파고는 2016년 8월 시범 서비스를 시작한 뒤
2017년 7월 정식 출시됐다. 이후 1년 9개월 만
인 올해 3월 월간 활성 이용자수(MAU)가 1000
만 명을 돌파했다. 누적 다운로드는 2000만 건
을 넘으며 지난해 8월부터 국내 모바일 통번역
앱 다운로드 1위를 유지하고 있다. 현재 14개 언
어를 지원한다. 많이 통번역되는 언어는 영어, 일
본어, 중국어, 베트남어 순이다. (중략) 기계번역
기술은 진화를 거듭하며 엉뚱한 문장으로 해석
하는 '발 번역'의 오명을 차차 벗고 있다. 단어 단
위로 번역해 문장을 완성하는 방식을 벗어나 사
람처럼 문맥을 읽는 '인공 신경망 기술'이 발전한
데 따른 것이다. 다만 더욱 완벽한 기계 번역으
로 나아가기 위해선 오픈된 데이터도 필수다. 학
교든, 기업이든 누구든지 데이터를 모아서 공개
해야 한다.

< 뉴시스>(2019.7.9)

지금까지 논의한 것들로 몇 가지 사항만 정리해 보죠. 첫째, 번역이 많이 이루어지는 언어쌍일수록 방대한 양의 번역문 데이터를 갖고 있으므로 더 정교한 번역결과를 얻을 수 있습니다. 지금대로라면 영어가 한국어와 번역이 가장 잘 되는 번역쌍일 것 같습니다. 둘째, 만약 기계번역의 번역 결과물에 인종차별이나 성차별 등이 담긴 내용이 보인다면 그 도착어 문화권의 인권 감수성이 번역에 반영될 수 있습니다. 셋째, 일반사람들의 공개된 데이터와 다르게 기업이나 기관의 기밀문서는 데이터가 적어서 번역의 질을 확보하기 어렵습니다.

기계번역이 잘 되기 위한 조건을 한 가지 더 보면 '맥락통제'입니다. 언어의 의미는 그 사용에 의해 결정됩니다. 동사 '가다'가 "학교에 가다"의 경우에는 '이동'을 뜻하지만, "그 핸드폰은 한물갔어."라고 하면 '정상궤도에서 벗어났음'을 의미합니다. 이 외에도 맥락에 따라 수없이 다양한 의미가 만들어질 수 있습니다. 그래서 맥락을 제약하면 이런 해석의 가능성을 줄여서 더 좋은 번역을 만들 수 있게 되는 것입니다. 이런 상황을 보여주는 기사 두 개만 연속으로 보겠습니다.

> 29일 남이섬에 따르면 네이버의 인공지능(AI) 기술 기반 통번역 서비스 '파파고(Papago)'와 제휴를 맺고 '파트너 파트너' 메뉴를 통한 다양한 외국어 표현을 검색 및 확인할 수 있도록 했다. 서비스 이용 방법은 스마트폰에서 '파파고' 앱을 다운로드하고 '파트너 파트너' 메뉴를 통해 '남이섬 회화'를 다운로드받으면 된다.
>
> <아주경제>(2019.1.29)

> 해양경찰청은 4일 네이버㈜와 외국인 인권 보호를 위한 업무 협약을 체결해 오는 8일부터 파파고를 활용한 해양 치안 통역서비스를 제공하기로 했다. 네이버는 '파파고' 앱에 '해양경찰 회화' 기능을 신설해 해양경찰 직무에 특화된 맞춤형 외국어 안내 문구를 탑재했다. 해양경찰 직무 전반에 활용할 수 있는 총 11개 테마 및 305개의

상용문구로 구성됐다. 불법조업, 해양오염, 밀입국사범 등 수사절차상 권리 안내문과 민원안내, 항해정보 제공, 수상레저활동 등 해양치안 정보 제공을 위한 안내문구 등을 담고 있다.

<아시아경제>(2018.10.4.)

몇 년 지나면 이 책의 기계번역 부분은 의미가 없는 내용이 될 수 있습니다. 아쉽기도 하지만 우리의 생활에 어떤 변화가 있을지 기대가 더 큽니다. 다만 우리가 얼마나 그 변화를 적극적으로 활용하는지 여부에 따라 누군가에게는 긍정적 변화를 가져오지만 또 다른 사람에게는 그 반대일 수도 있습니다. 기계번역의 발전이 빠르니 통번역 공부는 의미가 없다는 학생도 종종 있는데 저는 반은 맞고 반은 틀리다고 생각합니다. 양질의 번역결과물을 얻기 위해서는 계속해서 양질의 번역 데이터가 필요하고, 기계번역이 아직 해결해야 할 문제들이 많기 때문에 그 전까지는 기계번역은 사용하되 그 결과물을 매끄럽게 손질할 사람의 손이 필요하니까요. 최근 학생들을 이런 변화에 적응시키기 위해 한중번역수업에 기계번역을 어떻게 적용할지 고민하고 있습니다. 다음 장에서 그 수업에 대한 이야기를 하겠습니다.

번역 이야기
높임말 체계와 번역

한국어에는 높임말이 있다. 그런데 이 표현에서 오해가 생긴다. 다른 언어에는 높임말이 없고 모두 반말만 있는 것처럼 생각되기 때문이다. 정확히 말하면 다른 언어에는 높임말과 반말의 구별이 없다. 어른들에게도 반말을 하는 것이 아니라 아이들에게도 반말을 하지 않는다는 표현이 맞을 수 있다. 높임말이 있는 언어라는 말은 반말이 있는 언어라는 의미도 된다. 반말은 '반만 하는 말'이라고 할 수 있다.

조현용,『한국어, 문화를 말하다』

세계 대부분 언어에는 높임말-반말이 없습니다. 우리는 이 언어체계 때문에 술자리에서 친해지면 서로의 나이부터 묻게 되는지 모릅니다. 높임말과 반말이라는 체계가 상대방과 나에게 어서 나이로 서열을 정하라고 시키는 것 같습니다. 이렇게 중국어나 영어 등으로 번역할 때 고려해야 할 사항이 하나 늘었네요. 한국어에서는 중국어나 영어와 다르게 캡틴, 선생님이나 상사에게 어린 주인공이 반말을 하면 이상할 것 같습니다. 한번은 미국 드라마에서 분명히 동료인데 남자의 대사는 반말 같고, 여자의 대사에는 높임말이 섞인 자막을 보기도 했습니다. 번역자의 오역일 수도 있지만 왜 그랬는지 알 것도 같습니다.

초반에 한류를 이끌었던 드라마 <대장금>이 중국에서 어떤 식으로 번역이 되었을까요? 제조상궁만 예로 들어도 임금에게는 높임말을 쓰다가 나인들에게는 반말을 쓰는데 그 복잡한 계급관계에 번역자가 했을 고생이 눈에 선합니다. 중국어에는 한국어의 경어 체계에 대응하는 표현이 없으니까요.[14] 그래서 번역자는 您(nín/你의 높임) 처럼 존경을 나타내는 대명사를 쓰거나, 主簿大人(zhǔbùdàrén/주부대인)처럼 존대의미가 있는 호칭을 사용하거나, 영어의 please같은 请(qǐng) 을 붙여서 상대를 존경하는 의미를 살렸다고 합니다. 언어체계의 차이를 극복하고 한국어에서만 느낄 수 있는 뉘앙스도 번역하려는 과정을 통해 두 문화의 차이에 대해서 많이 생각할 수 있습니다. 학생 때는 그 나라의 언어를 배우면 그 나라의 문화를 배우는 것이라는 이야기가 도저히 무슨 말인지 몰랐는데 이제 알 것 같습니다. 기계번역에도 이런 노력이 반영되고 있습니다.

사용자는 파파고를 최신버전으로 업데이트 한 뒤 번역 결과 하단의 '높임말 ON·OFF' 스위치를 켜면 된다. 스위치를 켜면 파파고가 "나→저", "너→당신", "~했다→~했습니다"와 같이 높임말 표현으로 번역한다. 파파고는 향후 '높임말 번역'

---

14 황지연(2008), <문화 간 커뮤니케이션을 위한 번역>, 중국연구

기능을 통해 수집되는 학습 데이터를 AI가 스스로 학습해 높임말 번역 품질을 고도화해 나갈 수 있도록 설계했다고 덧붙였다. 이 기능은 영한 번역에 적용됐고, 향후 언어 지원 범위를 점차 확대해갈 계획이다.

<파이낸셜 뉴스>(2019.1.18)

저는 기계번역이라는 그 여정의 도착지나 결과물보다 과정이 중요한 것 같습니다. 기계번역의 완성이 가져다 줄 편의도 좋지만 그 과정에서 만나는 문제들이 언어들 그리고 문화들의 차이를 보여주고 인간에 대해 말해주는 것이 많기 때문입니다.

10장 텍스트번역 ―
오랜미래신화미술관

현재 AI번역은 정확도가 100점 만점에 65점 수준이니 외국어는 사람이 여전히 배워야 한다. AI번역기는 인간 번역자의 생산성을 높여주는 역할을 하게 될 것으로 본다. 예전보다 '포스트 에디팅(사후감수)'의 중요도가 높아지는 변화는 있을 수 있다. 번역가의 핵심 업무로 포스트 에디팅이 부각돼야 한다는 등의 논의가 현재 이뤄지는 것으로 안다.

<한국경제>(2017.7.19.)

네이버의 인공지능 번역 서비스인 파파고를 총괄하는 김준석 리더가 연합뉴스와 나눈 인터뷰 내

용의 일부입니다. 기계번역이 인간번역을 대체하는 것이 아니라 기계번역과 인간번역이 함께 간다는 것이죠. 비중이 조정될 수는 있지만 번역의 질을 고려한다면 포스트 에디팅(사후편집)의 중요성은 절대 작아지지 않을 것입니다. 그래서 저는 학교에서 번역수업을 할 때 학생들에게 일반교재가 아닌 현장에서 사용하는 텍스트를 제시하고 텍스트와 관련된 지역을 탐방하고 기계번역을 거친 후 포스트 에디팅을 연습하도록 합니다. 여기에는 두 가지 목적이 있습니다. 첫째, 관광지나 미술관 등의 안내서나 설명서 등 실제 텍스트를 통해 실제 사용되는 텍스트에 대해서 이야기하도록 하고, 탐방을 통해 텍스트에는 드러나지 않는 현장감을 느끼게 하려는 것입니다. 이는 번역결과물을 구체화하는 데 도움이 되기도 하고 번역에 얼마나 큰 노력을 기울여야 하는지 번역자의 태도에 대해 인식하게 합니다. 두 번째, 포스트 에디팅을 통해 기계번역을 활용하는 연습을 해서 번역시장의 변화에 적응할 수 있게 하려는 것입니다.

재밌는 점은 학생들이 처음에는 기계번역의 힘을 빌린다는 생각에 수월할 것으로 생각하고 좋아하다가, 막상 사후편집을 할 때 생각보다 많은 노력과 시간이 필요하다는 걸 알고는 짜증이 폭발합니다. 하지만 강의평가를 보면 실용적이고 배운 게 많았다는 내용이 전부였습니다. 다행히도 마지막에는 불편했던 방식들에 익숙해져서라고 생각합니다. 여기서는 얼마 전 다녀왔던 원주 <오랜미래신화미술관>의 브로슈어의 기계번역 결과를 살펴보며 포스트 에디팅에 대한 생각을 조금이나마 해볼까 합니다. 아래는 브로슈어의 앞면입니다.

첫째, 고유명사의 번역이 맞는지 확인이 필요합니다.

인명 : 좌측면에 나온 인명 '조셉 캠벨'을 파파고는 约瑟夫凯姆瓦勒(yuēsèfūkǎimǔwǎlè)로 번역했어요. 신화학자 조셉 캠벨을 네이버에서 검색해보니 영문이름 'Joseph·Campbell'이 나옵니다. 이 이름으로 중국 사이트 百度에서 검색하니 约瑟夫·坎贝尔(Joseph·Campbell)이 검색되네요. 파파고의 한중번역 데이터에 조셉 캠벨에 관련된 쌍이 없는 것 같습니다. 물론 번역 데이터가 존재하거나 우연히 맞아 떨어지는 경우도 있습니다. 중간 면에 김선자(金善子) 선생님은 한자 이름이 맞게 나오네요. 정작 관장님은 김봉준(金凤骏)이 나오지 않고 '金奉俊'으로 번역됩니다. 어떻게 번역결과가 맞는지 알까요? 인터넷, 전화, 메일 등 수단과 방법을 가리지 않고 알아내야죠. 아무튼 고유명사는 하나씩 다시 조사해볼 필요가 있습니다.

지명 : '원주'가 '原州'가 아니라 '溫州'로 잘못 번역되어 있습니다. 군포, 목포와 서울이 모두 军

浦, 木浦와 首尔로 제대로 번역된 것과 비교하면 원주시에 대한 번역 데이터가 부족한 것을 알 수 있습니다.

기관명: 브로슈어에서 가장 중요한 미술관의 이름 '오랜미래신화미술관'이 문맥에 따라 매번 다르게 번역되고 있습니다. '오랜미래'는 '長久的未來'나 '古老的未来'로 번역되고 있는데 둘 다 나쁘지 않은 것 같습니다. 문제는 '신화미술관'에서 보통명사 '신화(神话)'가 엉뚱하게 고유명사로 자주 쓰이는 '신 중국'이라는 의미의 '新华'로 번역되었습니다. 오역 '新华美术馆'은 '神话美术馆'으로 수정해야겠습니다. 중간 면에 나오는 출판사 이름 '미들하우스'는 음역을 통해 '米德尔豪斯(mǐdéěrháosī)'가 되었습니다. 검색을 해보니 음역을 통해 영어가 주는 느낌을 살리는 경우들을 볼 수 있습니다. 예를 들어, 조지 엘리엇의 소설 <미들 마치/Middlemarch>는 米德尔马契(mǐdéěrmǎqì)로 번역되거나, 휴스턴 로케츠의 농구선수 대뉴얼 하우스를 丹纽尔·豪斯(dānniǔěr·háosī/Danuel House)라고 하네요.

169

굳이 의미를 전달해야 할 필요가 있지 않다면 괜찮은 번역인 것 같습니다.

둘째, 제대로 된 결과가 나오지 않으면 입력 값에 신경을 써야 합니다.

같은 내용이더라도 입력의 방식에 따라 결과는 매번 달라질 수 있습니다. 위에서 봤던 '오랜미래신화미술관'도 단어만 입력했을 때, 단어가 포함된 문장을 입력할 때와 문단으로 입력했을 때의 결과가 달랐습니다. 이 외에도 띄어쓰기에 의해서도 다른 번역결과가 나올 수 있습니다. 좌측면의 '구비전승문학'은 '九维图胜文学'로 무슨 뜻인지 알 수 없는 말로 번역됩니다. '구비전승 문학'을 입력해도 '旧非全胜文学'로 오역이 나오네요. '구비 전승문학'이나 '구비 전승 문학'을 입력해야 비록 '전승'은 빠졌지만 그나마 의미가 맞는 '口碑文学(kǒubēiwénxué)'가 나옵니다. 브로슈어에 띄어쓰기 없이 '구비전승문학'으로 되어 있어서 그대로 입력했는데 오역이 나와서 띄어쓰기를 조정해 '구비 전승 문학'에서 제대로 된 결과물을 얻은 경우입니다. 만약 번역결과물이 오역이거나 마음에 들지 않으면 입력 값을 조정해 볼 필요가 있습니다.

셋째, 포스트 에디팅(사후 편집)외에 프리 에디팅(사전 편집)이 필요한 경우가 있습니다.

방금 위에서 본 것처럼 원문의 문장을 그대로 입력해서 좋은 결과를 얻지 못한다면 입력 값을 조정해서 번역의 질을 높이는 겁니다. 예를 들어, 원문이 만연체로 너무 길게 쓰여졌다면 여러 문장으로 나누고, 비문이 있다면 올바르게 고치고, 원문에 틀린 문장은 아니어도 결과가 나오지 않는 경우에는 입력 값의 수정이 필요할 수 있습니다. 브로슈어 좌측 면 '돗까비'는 '草돗', 우측 면의 '돗까비 신화'는 '草까神话'로 번역됩니다. 도깨비의 옛말 '돗가비'를 쓴 경우인데 '돗까비'로 고쳐서 입력해도 '비'가 나옵니다. 이런 경우 어쩔 수 없이 '도깨비'로 고쳐야 우리가 앞에서 다뤘던 '鬼怪'로 번역됩니다.

171

브로슈어 한 페이지의 번역과정을 살펴본 것뿐이지만 기계번역에 대해 조금 아시겠죠? 앞으로 오랜 기간 양질의 많은 데이터를 모아야 합니다. 그래서 파파고 오른쪽에 '번역수정'을 위한 스위치도 있습니다. 사용자가 제시하는 더 좋은 번역을 모으는 거죠. 이렇게 보면 기계번역의 '기계'를 개체로 의인화하는 것이 맞지 않는 것 같습니다. '기계'가 아니라 '기제' 또는 '시스템'이 정확한 개념일 것 같아요. 기계번역이 보여주는 결과물은 우리가 다니는 학교의 자료, 회사 간의 문서, 인터넷 상의 이야기 등 수많은 사람들에 의한 번역의 역사일 뿐입니다.

번역과 우리의 미래

박상익은 『번역청을 설립하라』에서 이슬람문명
이 각종 그리스 고전 학문을 아랍어로 번역해 받
아들였을 때. 서유럽이 그 선진 이슬람 문명을 스
승으로 모시고 아랍어로 번역된 그리스 고전들
을 미친 듯이 라틴어로 번역했을 때. 19세기 일본
이 번역을 통해 서양 문물을 도입했을 때. 이때
가 각각 새로운 역사 단계로 진입할 수 있었던 시
기라 주장하며 지금은 자동번역을 위해서라도
수많은 외국명저들이 우리말로 번역되어야 한다
고 말하고 있습니다.

완전 공감하지만 현실이 너무 팍팍합니다. 많은
번역가가 번역만으로는 생활에 어려움을 느끼

173

고, 교수들은 논문 한 편만도 못하게 평가받는 서적번역작업을 기피하고, 정부의 효과적인 지원이 없으니 출판사는 깊이나 다양성을 추구하기보다 잘 팔리는 책만 번역하고 있습니다. 그래서 학교에서 많은 대학생, 대학원생과 교수들은 전문서적의 번역본을 찾지 못하거나 찾아도 번역의 질을 탓하며 원서를 다시 찾는 악순환이 계속되고 있습니다. 이 같은 상황에서 기계번역에 쌓일 데이터의 양과 질이 어떨지 뻔해서 우리 번역의 미래가 밝다고 할 수 없습니다.

번역의 질을 떠나 번역 자체를 싫어하시는 분도 있습니다. 번역가가 개입했기 때문에 원문이 훼손되었다고 보는 거죠. 그렇게 생각할 수 있고 개인의 선택이니 할 말은 없습니다. 하지만 백욱인의 『번안사회』를 보면 우리의 근대화는 제국과 식민지의 번안으로 이루어졌습니다. 많은 서구 문화들을 일본을 거쳐서 수동적으로 받아들였다는 것입니다. 언어의 한계는 세계의 한계입니다. 세계의 지식체계가 한국어의 체계에 담기지 않는다면 또는 담으려는 시도조차 하지 않는다면 우리는 문화 식민지가 될 수밖에 없습니다. 모든 지식들이 우리의 고민을 통해 능동적으로 체계를 구성하는 것이 아니라 어색하게 심어지는 거죠. 이런 상황에서 한류의 지속도 문화강국에 대한 희망도 무의미합니다. 일단 정부, 기업, 학교와 개인이 번역에 대한 고민을 시작하면 각자 무엇부터 해야 할지 답이 보일 것입니다.

고민은 관심에서 시작됩니다. 도올 선생님은 동양철학의 붐을 크게 일으켰습니다. 그 인기만큼 많은 관계자들이 강의내용에 대해 반박하거나 무의미한 공격을 했습니다. 제가 중요하게 생각하는 부분은 그 모든 것을 떠나 대중에게 동양철학에 대한 관심을 이렇게까지 끌어올린 힘입니다. 제가 아는 분들 중에 그 영향으로 동양철학을 전공한 분들도 많으니까요. 발전하기 위해서 그것은 '말해지는 것'이어야 합니다. 그리고 젊은이들이 '말하고 싶은 것'이어야 합니다. 이전에 대화도서관에서 번역 강의를 할 때 한 분이 제게 번역스킬을 가르쳐주는 강의일 줄 알았다고 이야기했습니다. 실망하는 눈치였습니다. 하지만 강의를 마치고나니 번역에 대해 처음 생각해보는 것들이 많았다며 많은 분들이 만족하셨어요. 생각해보니 인문학 강의는 갈수록 많아지는데 아직 번역을 말하는 사람이 적고, 사회도 번역에 대해 말하지 않습니다.

제자들과 창의성을 요구하는 수업을 하다보면 질문이 자꾸 생기는데 답이 없어서 답답하다는 말을 많이 듣습니다. 저는 그걸로 충분하다고 합니다. 질문은 관심이 되고 관심은 집중으로 이어지기 때문입니다. 주변에서 자기가 좋아하는 연예인 이름이 들리면 저절로 그 방향으로 고개가 돌아갑니다. 관심이 정보를 적극적으로 수용하게 하는 예입니다. 그렇게 정보가 쌓이면 문제는 해결됩니다. 여러분들이 오늘부터 번역에 대한 이야기가 나오면 귀가 쫑긋하기를 바랄 뿐입니다.

참고문헌

서적

김병욱(2014),『브랜드 마케팅을 배우다』, 타래

김영하(2019),『여행의 이유』, 문학동네

데이비드 벨로스(2011), 정해영·이은경 역(2014),『내 귀에 바벨피시』, 메멘토

김욱동(2011),『번역의 미로』, 글항아리

모나 베이커(1992), 곽은주 최정아 진실로 김세정 역(2005),『말 바꾸기』, 한국문화사

매슈 레이놀즈(2016), 이재만 역(2017),『번역』, 교유서가

박상익(2018),『번역청을 설립하라』, 유유

박응석(2018),『인지언어학자의 한자문화산책』, 박영사

박종한(2000),『중국어 번역 테크닉』, 중국어문화원

박종한·김민수(2008),『중국 시장 브랜드 전략』, 궁리

백욱인(2018),『번안사회』, 휴머니스트

서준(2016),『한국어 문화어휘와 중국어 번역』, HUINE

송현주(2015),『국어 동기화의 인지언어학적 탐색』, 한국문화사

수잔 바스넷(2002), 김지원·이근희 역(2004), 『번역학 이론과 실제』, 한신문화사

움베르토 에코(2003), 김운찬 역(2010), 『번역한다는 것』, 열린책들

윤성우·이향(2013), 『번역학과 번역철학』, 한국외국어대학교출판부

이근희(2015), 『번역의 이론과 실제(개정판)』, 한국문화사

이향(2008), 『번역이란 무엇인가』, 살림

조윤경(2012), 『보는 텍스트 읽는 이미지』, 그린비

조현용(2017), 『한국어, 문화를 말하다』, 하우

주강현(2018), 『우리 문화의 수수께끼』, 서해문집

진중권(2014), 『이미지 인문학 1』, 천년의 상상

최준식(2014), 『한국 문화 오리엔테이션 2 : 생활문화 종교 문화 세부 줄거리 편』, 소나무

논문

강수정(2010), <중한 번역에서 문화소의 부등성에 따른 번역 전략>, 번역학연구, 제11권 4호

고흥희(2016), <종합한국어 교재 문화어휘의 번역 양상 및 문제점 해결 방안>, 어문논집 제68집

금지아(2015), <한중번역에서의 문화소 번역 전략>, 번역학연구, 제16권 3호

김도훈(2006), <문화소 번역에서의 인지적 축적물의 역할 및 번역전략>, 국제회의 통역과 번역, 8(2)

김진아(2010), <한식메뉴를 중역하는데 있어서의 번역전략>,

중국어문학논집, 제61집

김현태(2014), <외국 화장품 브랜드의 중국어 네이밍 기법 고찰>, 한중인문학연구

김혜림(2012), <한중 간 음식명 번역양태 비교>, 통역과 번역, 14(1)

리홍정(2008), <중국에 진출한 외국기업의 중국어 브랜드 네이밍에 관한 연구>, 고려대학교 언론대학원 석사학위논문

양윤정(2011), <해음 현상을 통해본 중국어 브랜드 네이밍 기법 연구>, 경희대학교 경영대학원 석사학위논문

임지룡,김령환(2013), <어순에 반영된 인지적 특성>, 한글 (300)

이찬규(2008), <의미형성의 기반이 되는 유연성 원리로서의 배의성>, 한국어학(38)

전미순, 이병운(2011), <한국어 문화어휘에 관한 일고찰 - 문화어휘 분석을 중심으로>, 한국언어문화교육학회, 제7권 1호

鐘洁(2015), <한중문화어휘에 관한 일고찰>, 건지인문학 제13집

冯盼盼, 진현(2017), <음식 이름의 한중 번역어 수용성 연구>, 중국어 교육과 연구(25)

황지연(2008), <문화 간 커뮤니케이션을 위한 번역>, 중국연구, 제42권

인터넷 사이트

국립국어원 표준국어대사전(https://stdict.korean.go.kr/main/

179

main.do)

네이버 어학사전 (https://dict.naver.com/)

네이버 지식백과 (https://terms.naver.com/)

百度百科 (https://baike.baidu.com/)

百度图片 (http://image.baidu.com/)

위키미디어 커먼스 (https://commons.wikimedia.org/wiki/File:Ondol.png)

애플리케이션

한식메뉴 외국어표기 길라잡이 700

브로슈어

오랜미래신화미술관

박응석

연세대 글로벌엘리트학부 교수
한국중국어교육학회 연구윤리위원

저역서
인지언어학자의 한자문화산책(박영사)
응쌤 중국어(박영사)
스마트 스피킹 중국어 1, 2, 3, 4(동양북스/공역)

수상
2017/2019 연세대콜로키아강의우수교수
2018/2019 연세대글로벌엘리트학부강의우수교수
2018 연세대우수업적교수(교육부문)

이메일 rubysuk@yonsei.ac.kr
인스타그램 Instagram.com/pes_meta

번역에 잠든 한국 문화

초판 1쇄발행   2019년 11월 22일
초판 2쇄발행   2020년 4월 15일

지은이   박응석
펴낸이   안종만 · 안상준

펴낸곳   (주) 박영사
              서울특별시 종로구 새문안로 3길 36, 1601
              등록 1959.3.11. 제300-1959-1호(倫)
전 화   02)733-6771
f a x   02)736-4818
e-mail   pys@pybook.co.kr
homepage   www.pybook.co.kr
ISBN   979-11-303-0897-5 03700

정 가   13,000원